Claves para la Vida Cristiana Abundante - Lecciones y Recursos

Mónica E. Mastronardi de Fernández

Iglesia del Nazareno
Región Mesoamérica

· DISCIPULADO ·
abcde
iglesia del nazareno

Nivel B2 - Bautismo a Membresía
Jóvenes / Adultos

Título: Claves para la vida cristiana abundante - Lecciones y Recursos

Libro de la serie "Discipulado ABCDE" Etapa B - Segundo Nivel - Bautismo a membresía
Guía de estudio para Jóvenes/Adultos

Autor: Mónica Mastronardi de Fernández
Edición general: Dra. Mónica Mastronardi de Fernández

Material producido por: Iglesia del Nazareno, Región Mesoamerica
Ministerio de Discipulado y Escuela Dominical
www.mesoamericaregion.org/ministerios/discipulado-y-escuela-dominical

Publica y distribuye
Asociación Region Mesoamérica
Av. 12 de Octubre Plaza Victoria Locales 5 y 6
Pueblo Nuevo Hato Pintado
Ciudad de Panamá, Panamá.
Tel: 507-203-3541
E-mail: literatura@mesoamericaregion.org

ISBN: 978-1-63580-021-0

Todas las citas son tomadas de la Reina - Valera (RV) 1960 por la Sociedad Bíblica Internacional, a menos que se indique lo contrario.

Diseño: Juan Manuel Fernández

Impreso en EE. UU.

Índice de Contenidos

Presentación

Estoy muy emocionado de darle la bienvenida a la mayor aventura en la vida... creciendo y viviendo como un discípulo de Jesucristo. En estos momentos, es probable que usted haya tomado el primer gran paso en su vida cristiana, cuando pidió a Jesús que perdonara y limpiara sus pecados. Si es así, Jesucristo es ahora su salvador personal y está presente en su vida. Este primer paso es maravilloso, pero sólo es el comienzo. Jesús quiere hacer mas que salvarle de sus pecados y darle vida eterna, él desea llevarle a vivir su vida conforme a sus propósitos, quiere enseñarle a amar a otros y a servir a otros como lo hizo él. Para lograr esto, lo primero que necesitamos es crecer en nuestra relación con Él, aprender a amar a Dios con todo nuestro ser y seguir su ejemplo en toda nuestra manera de vivir. Ese proceso se conoce como DISCIPULADO, y a la persona que participa en el mismo se le llama un DISCÍPULO. Cada cristiano es llamado a participar en el discipulado, y vivir como un discípulo o discípula de Jesús, para toda su vida.

Tiene frente a usted un recurso que entre otros materiales relacionados, están diseñados para ayudarle en este viaje de ser más y más como Cristo. A medida que estudia este recurso con su discipulador / maestro, usted podrá aplicar las enseñanzas de la Palabra de Dios a su vida y aprenderá a caminar más y más cerca de Jesús y al mismo tiempo podrá crecer en sus relaciones con el Señor y con otras personas. Nuestro deseo desde los Ministerios de Discipulado es que usted continúe creciendo y sirviendo por el resto de su vida como discípulo o discípula, y que más adelante, usted también pueda convertirse en un/a discipulador/a guiando a otros para que lleguen a ser discípulos de Jesús.

Dios le bendiga.

Rev. Monte Cyr
Coordinador de Ministerios de Discipulado
Región Mesoamérica

¿Qué es Discipulado ABCDE?

Hacer discípulos a imagen de Cristo en las naciones es el fundamento de la obra misional de la Iglesia y la principal responsabilidad de su liderazgo (Efesios 4:7-16). La labor de discipulado es continua y dinámica, es decir el discípulo nunca deja de crecer a semejanza de su Señor. Este proceso de crecimiento, cuando es saludable, ocurre en todas dimensiones: en la dimensión "individual" (crecimiento espiritual), en la dimensión "corporativa" (incorporación al compañerismo de la iglesia), en la dimensión "santidad de vida" (transformación progresiva de nuestro ser y hacer conforme al modelo de Jesucristo) y en la dimensión "servicio" (capacitación para servir en el ministerio según el llamado de Dios a cada uno de sus hijos e hijas).

Para contribuir a la formación integral de los miembros de sus iglesias, la Iglesia del Nazareno de la Región Mesoamérica ha implementado el plan de discipulado ABCDE, y desde el año 2001 ha avanzado en la publicacuón de libros para cada uno de estos niveles.

El libro que tienes en tus manos corresponde al NIVEL B de discipulado, la segunda etapa del plan que inicia cuando la persona ha aceptado a Jesucristo como Salvador y Señor. Este NIVEL B tiene el propósito de guiar al nuevo discípulo o discípula y a su discipulador o discipuladora en el estudio de las bases bíblicas de la vida cristiana. El nivel se desarrolla en 2 libros: Nueva Vida en Cristo (B1) que se enfoca en la preparación para el bautismo y Claves para la vida cristiana abundante (B2) que tiene como meta preparar al nuevo discípulo para la membresía activa de la iglesia local.

Dra. Mónica Mastronardi de Fernández
Editora General Discipulado ABCDE
Iglesia del Nazareno - Región Mesoamérica

· DISCIPULADO ·
abcde
iglesia del nazareno

Nivel A | Acercamiento

Evangelismo.

Nivel B | Bautismo y Membresía

Discipulado para nuevos creyentes.

Nivel C | Crecimiento en Santidad

Formación integral a la semejanza de Cristo.

Nivel D | Desarrollo Ministerial

Escuela de Liderazgo.

Nivel E | Educación Ministerial Profesional

Carreras diversificadas en instituciones teológicas.

¡Felicitaciones por haber tomado la decisión de ser bautizado como discípulo o discípula de Jesús! Ahora que has aceptado a Jesucristo como tu Señor y Salvador y te has iniciado en esta "Nueva Vida" caminando con Jesús, lo que sigue es continuar aprendiendo a vivir como seguidor de Él y como miembro de su familia, la iglesia.

Jesús desea que todos sus discípulos y discípulas tengan una vida llena de satisfacciones, de alegría y de fruto. Es por eso que en su Palabra Jesús nos revela las **"Claves para la vida cristiana abundante."** Las lecciones de éste libro te guiarán a descubrir esas claves en la Escritura y a ponerlas en práctica en tu vida.

En esta etapa de tu formación como discípulo o discípula de Jesucristo hay algunas prácticas importantes que te ayudarán a crecer en tu vida cristiana.

1. Sigue los consejos y el ejemplo de tus líderes cristianos, como el pastor, los líderes de la iglesia y sobretodo tu

maestro/a   discipulador/a. Estas personas tienen mas experiencia en la vida cristiana y serán de gran ayuda para guiarte cuando tengas dudas y dificultades en ésta etapa de tu vida espiritual. Pero recuerda que los seres humanos no somos perfectos, sólo Jesucristo es nuestro modelo perfecto, aprender a vivir cada día más como Cristo será el propósito de tu vida de ahora en adelante.

2. Busca el compañerismo del pueblo de Dios asistiendo a los servicios de la iglesia y participando de la Cena del Señor. No asistas sólo el día domingo, sino también a las reuniones entre semana de estudio bíblico y de oración. Algunas iglesias tienen células o grupos pequeños entre semana que son ideales para que puedas hacer nuevos amigos cristianos. Dependiendo de tu edad infórmate de las actividades para gente con tus mismas características e intereses y comienza a asistir. Jesús fundó la Iglesia para que sus hijos e hijas crezcan juntos y se ayuden los unos a los otros. Adorar, aprender y servir junto al pueblo de Dios será fundamental para tu crecimiento espiritual y para que puedas descubrir en dónde el Señor quiere que le sirvas.

3. Aprende todo lo que puedas. Hay muchos recursos además del estudio de la Biblia y estas lecciones que te ayudarán a crecer saludablemente en tu fe: la buena lectura cristiana, las películas cristianas, las clases de enseñanza bíblica, las predicaciones, el testimonio de vida de otros hermanos y hermanas, entre otros. En el libro anexo **"Claves para la vida cristiana abundante - Recursos"** hemos escogido lecturas especiales que serán de interés para ti en esta etapa de tu desarrollo espiritual.

4. Sé disciplinado en el estudio la Biblia guiado por estas lecciones y en la oración durante las siete semanas que dura este curso. Recuerda que éstas son practicas que deben llegar a ser tan comunes como respirar en tu nueva vida cristiana. Necesitarás contar con una Biblia para tu estudio personal. Si no la tienes, tu hermano guía te ayudará a obtener una y te enseñará cómo encontrar los pasajes en ella, si aún no sabes como hacerlo.

5. Un día a la semana debes reunirte con tu discipulador/a en el lugar y hora que acuerden. Deben escoger un sitio que no provea distracciones y que sea cómodo para que puedan repasar las lecciones juntos. Precisarás apartar un tiempo cada semana para el estudio y para completar las actividades de las lecciones antes de cada encuentro. Anota en un cuaderno tus dudas y preguntas. En cada encuentro revisarán juntos

las respuestas y aclararán las dudas. También orarán juntos, hablarán sobre cómo has aplicado lo aprendido en la semana anterior y también pondrán metas para la siguiente semana.

6. Sé obediente a la voz de Dios poniendo en práctica lo que aprendes inmediatamente en tu vida. Ello será fundamental para tu crecimiento espiritual. Recuerda que Jesús quiere enseñarte a vivir como él. No se trata sólo de saber más, sino de transformar tu vida siguiendo el modelo de Jesús. Tu hermano guía te ayudará cuando tengas dudas, inquietudes o problemas para poner en práctica lo aprendido cada semana.

Estamos seguros de que Dios tiene un plan maravilloso para tu vida, el que vas a descubrir poco a poco, mientras estudias las lecciones de éste libro con tu discipulador o discipuladora. Comparte tus dudas y necesidades con él o ella, para que ore por ti, te oriente y aconseje. Recuerda que él o ella ya pasó por esta etapa y puede servirte de mucho su experiencia.

Ser un seguidor de Cristo es una aventura emocionante. Estamos felices de ayudarte a crecer como discípulo/a de Jesucristo. No estás sólo, no estás sola en este desafío, cientos de nuevos discípulos como tú están estudiando estas lecciones y creciendo a semejanza de Jesucristo.

Guía para el discipulador

¡Felicitaciones por aceptar el privilegio y desafío de discipular a un nuevo hermano/a en la fe de Cristo! Esto es precisamente a lo que Dios nos ha llamado como iglesia: *"hacer discípulos semejantes a Cristo en las naciones"* (Mateo 28:18-20).

El **discipulado básico es crucial** para establecer bases sólidas en el comienzo de la vida cristiana. Es esencial para el desarrollo saludable de los discípulos/as del Señor, de manera que cada uno y cada una llegue a ser maduro en su fe y comprometido con el ministerio de la iglesia. La mejor estrategia para desarrollar iglesias saludables, crecientes, llenas del poder del Espíritu Santo y que transformen sus comunidades es con un sólido ministerio de discipulado. Es por eso que el ministerio de los discipuladores y las discipuladoras es esencial para el presente y el futuro de la iglesia.

Este libro se ha diseñado para ayudarle en este ministerio, mientras guía al nuevo creyente en sus primeros pasos como discípulo/a de Jesús y le preparara para ser un miembro comprometido y responsable de la iglesia. Este libro contiene siete sesiones cuyo objetivo es poner el fundamento para la integración del nuevo discípulo o discípula a la membresía de la iglesia local. Además se incluye la tarjeta "Solicitud de membresía" para ser llenada por el nuevo convertido al finalizar estas lecciones. También se ha incluido el "Certificado de culminación", el cuál sugerimos que sea entregado públicamente en un culto o reunión especial donde toda la congregación tenga la oportunidad de celebrar el crecimiento espiritual de los nuevos discípulos de Jesucristo.

A continuación se incluye una descripción de las responsabilidades de todo discipulador/a para que su ministerio sea efectivo y fructífero.

Responsabilidades del discipulador/a

Orar constantemente por la vida de sus discípulos.

El discipulado es un ministerio en que no trabajamos solos. Recuerde que es el Espíritu Santo y no usted, quien hace la obra de transformación de las mentes y los corazones de las personas. Él es el maestro que estará las 24 horas con su discípulo/a, es por eso que la oración es una disciplina fundamental de los discipuladores.

Ore por el tiempo que ambos van a dedicar para estudiar las lecciones por separado y luego al unirse para compartir. Ore que el Señor ilumine su mente y le ayude a captar las verdades de la Palabra. Ore para que el nuevo discípulo sea perseverante en el discipulado y no ceda ante las presiones de familiares, amigos, o de hábitos pecaminosos. Recuerde que los bebés espirituales son muy frágiles y necesitan de intercesores que luchen espiritualmente por ellos y ellas, ya que Satanás usará todas sus artimañas para intentar desviarles de su propósito de seguir a Jesús.

Poco a poco irá conociendo las necesidades de la vida de su discípulo/a y las de su familia. Es importante preguntar cuáles son sus peticiones específicas y permitirle compartir en los sucesivos encuentros cómo Dios está respondiendo a estas necesidades. Cultive en su discípulo un corazón agradecido, orando y dando gracias por la respuesta del Señor.

Tener vocación y dones para el discipulado

Todo discipulador y discipuladora ha sido escogido y llamado por Dios. El discipulado es un ministerio que requerirá de inversión de mucho tiempo y energía. No podemos permanecer en esta tarea sin el amor y la pasión por desarrollar a los nuevos creyentes; pasión y amor que sólo puede darnos el Espíritu Santo.

En su gracia Dios imparte dones especiales a sus hijos e hijas para este ministerio como son: enseñanza, discernimiento, conocimiento, liderazgo, pastor, fe, exhortación, evangelismo, intercesión, entre otros. Estos dones se van desarrollando a medida que hacemos discípulos (aprendemos de la experiencia), pero también es importante aprovechar todos los recursos que la iglesia pone a nuestra disposición para prepararnos ministerialmente (vea más información en la sección ¿Qué es discipulado ABCDE? en la página 4 de este libro).

Cultivar relaciones

El ministerio del discipulado se basa en cultivar relaciones. Para que un nuevo creyente permanezca en la iglesia local es fundamental que haga amistad con otros hermanos y hermanas. Es por eso que el discipular a otros es más que impartir unas lecciones.

El discipulador/a estará invirtiendo largo tiempo de su vida cultivando relaciones con otras personas. Compartirá su vida, sus experiencias y sus conocimientos para guiar a otros en un camino que él o ella ya está recorriendo hace un tiempo. Es de vital importancia que desarrolle una relación de amistad, amor, confianza y aprendizaje mutuo con su discípulo/a.

Si hay líderes que están discipulando a otros nuevos convertidos, una buena idea es reunirse en grupos pequeños para compartir una o varias lecciones, para intercambiar testimonios, para conocerse, tomar café y orar unos por otros. Recuerde que los nuevos creyentes tienen problemas, dudas y temores similares, por lo que pueden hablar, animarse y aprender los unos de los otros.

Otra estrategia para ayudar a los nuevos creyentes a hacer amigos, es planear tiempos de compañerismo con otros hermanos y hermanas de la congregación que tengan características similares en cuánto a edad, ocupación, tipo de familia, etc., es decir que tengan experiencias de vida semejantes. En el caso de personas que están luchando para salir de adicciones o problemas específicos, se le puede reunir con algún hermano o hermana ya maduro, que triunfó en el mismo problema y que podría compartir su testimonio y consejos con su discípulo/a.

Ser modelo de vida cristiana

La vida del discipulador/a será el primer modelo de vida cristiana que tendrá el nuevo discípulo/a. Por tendencia natural el bebé espiritual tiende a imitar a su maestro/a discipulador/a. El discipulador/a antes que nada es llamado a ser un maestro de vida, alguien que transmite a otro la vida de Cristo, que enseña a vivir como Cristo. El nuevo discípulo no puede ver a Cristo, lo que puede ver es a Cristo viviendo en su discipulador/a.

El nuevo discípulo o discípula debería tener la oportunidad de conocer a su discipulador más allá de sus funciones ministeriales, en su actuar como esposo, padre, empleado, ciudadano, vecino, amigo, etc. Esto le dará la oportunidad de aprender cómo ser cristiano en todas las áreas de la vida. Los nuevos discípulos deben ser transformados en todo su ser, esto incluye cuerpo, mente, alma y espíritu (I Tesalonicenses 5:23). Deberán poco a poco ir reorganizando sus vidas completas, conforme a los principios de vida santa que Jesús enseñó para todos los que son parte de su iglesia. Para ello necesitan ver a otros cristianos fieles actuando santamente en las circunstancias reales de la vida.

Podemos decir que la vida cristiana se aprende por "contagio". Es por eso tan esencial que los discipuladores y las discipuladoras sean modelos de alta calidad en su vida cristiana, modelos saludables que al reproducirlos aportarán al crecimiento de una iglesia más saludable, más comprometida, más generosa, más fructífera en su ministerio.

Es muy importante que el discipulador/a sea responsable y puntual con su discípulo, y que cumpla todo lo que promete. Póngase a su disposición, y comparta su número de teléfono, dirección, así como los de la iglesia y el pastor. Cuide su vestimenta y su arreglo personal. Tener a la mano mentas para refrescar su aliento es muy recomendable. Tanga cuidado del vocabulario que utiliza. Recuerde que su meta es formar discípulos responsables y disciplinados.

Ser un maestro paciente

La paciencia es una virtud indispensable de los buenos maestros. Las lecciones de este libro se han diseñado para estudiar una a la vez y tener oportunidad de poner en practica lo que se ha aprendido, luego en el siguiente encuentro hay que evaluar la experiencia, aclarar dudas, y hacer las correcciones necesarias. No hay prisa; cada lección debe ser asimilada y llevada a la vida del discípulo.

El discipulador debe estudiar las lecciones previamente, llenar los espacios en blanco y conocer muy bien cada lección antes de compartirla. Cuando un discípulo/a tiene dificultad leyendo o escribiendo o buscando los pasajes en la Biblia, hay que buscar una solución, ya sea, que el discipulador le auxilie u otra persona.

Si en una ocasión el discípulo olvida completar la lección, sea paciente, pero motívele a cumplir fielmente para la próxima ocasión. Es muy importante que el nuevo convertido tenga a quién rendirle cuentas, en este caso al discipulador. Si al revisar la lección encuentra que hay errores, sea amable y corríjale con amor, siempre sea paciente para escuchar su punto de vista y proveer explicación en palabras sencillas. Siempre asegúrese de que la persona ha comprendido y corregido su error, puede hacerlo por medio de preguntas o pidiendo que lo explique en sus propias palabras.

Si el tiempo no diera para terminar una lección siga con ella la próxima semana. Recuerde que el propósito es aprender y poner en práctica, enfóquese en los frutos, en los resultados de cambio en la vida del discípulo/a, aunque lleve más tiempo, valdrá la pena.

Guiar al discípulo/a a llevar a la vida lo que aprende en la Palabra

Asegúrese que el nuevo hermano o hermana realice todas las actividades de cada lección; que memorice los versículos cuando la lección lo pida y que pueda entender y explicar en sus propias palabras los versículos. En la siguiente sesión, será importante evaluar juntos lo que se ha comprometido a poner en práctica en la semana. Esta será una buena ocasión para compartir su experiencia y aconsejar al discípulo/a, también y muy importante felicitarle por su progreso y hacerle saber lo orgulloso que usted se siente por sus logros. Pueden tomar un tiempo para orar por las dificultades que ha enfrentado y para agradecer por los triunfos de la semana. Anímelo siempre a seguir poniendo en práctica lo aprendido, ya que en éstas lecciones se enseñan hábitos esenciales para su crecimiento y permanencia en la vida cristiana.

Rendir cuentas a sus líderes espirituales

Las reuniones periódicas con el pastor/a y/o encargado/a del programa local de discipulado serán de mucha ayuda para definir estrategias, planes, calendarios, recibir capacitación, dirección, dar informes de desempeño y evaluar los resultados. También reuniones como éstas tienen el propósito de proveer motivación, recibir orientación y consejo ante situaciones difíciles y especialmente orar los unos por los otros y por el ministerio.

GUÍA PARA LAS SESIONES DE DISCIPULADO CLAVES PARA LA VIDA CRISTIANA ABUNDANTE

Para el estudio de estas lecciones de discipulado, en preparación para la membresía de la iglesia, recomendamos distribuirlas en ocho semanas, con una sesión preliminar de orientación y siete sesiones para tratar los temas de las lecciones. Lo más recomendable es reunirse un día fijo cada semana.

Estas lecciones pueden utilizarse para el discipulado de uno a uno o también en grupos. En ambos casos el lugar de encuentro puede ser una casa, el templo, una cafetería, un restaurante, la hora de almuerzo en la oficina, u otro lugar según el acuerdo que establezcan. La duración de cada sesión puede ser de 45 a 60 minutos en el caso de un discípulo, y de 60 a 90 minutos en el caso de grupos. Cuando se imparten en grupos, es recomendable tener dos o más discipuladores (puede ser uno con más experiencia y otros que se están formando), separándose en ciertos momentos del encuentro para un seguimiento más personalizado y una mayor participación.

De ser posible recomendamos reunir estos grupos durante el tiempo de Escuela Dominical, en una clase aparte para nuevos creyentes. Esta práctica ayudará a los nuevos creyentes a ir formando el hábito de dedicar éste tiempo al estudio de la Palabra y luego, al terminar este ciclo de lecciones, pasar a ser un asistente regular a la clase de Escuela Dominical acorde a su edad.

Es importante que la primera sesión se realice en la semana siguiente o dos semanas después del bautismo en agua del discípulo.

A continuación se incluye una guía para las sesiones de 60 minutos. En el caso de grupos será necesario ampliar el tiempo de discusión para dar más lugar a la participación.

Sesión preliminar de orientación

Materiales:

- Un ejemplar del libro *"Claves para la vida cristiana abundante* para entregar al discípulo/a.

- Una Biblia para obsequiar o vender, en caso de que el nuevo discípulo/a no tenga una. De preferencia en una versión en lenguaje sencillo (como la TLA), aunque la versión usada en éstas lecciones es la Reina Valera 1960 por ser la de mayor uso en las iglesias.

Metas y distribución del tiempo:

15 minutos

- *Presentación.* Preséntese usted mismo: su nombre, su familia (puede mostrar fotos de su familia, si las tiene), su ocupación, su tiempo de ser cristiano. Hable del gozo que usted siente por tener el privilegio de conocerle y compartir con él o ella. Permita que su discípulo se presente también. Guíele por medio de preguntas como éstas: ¿Cómo ha sido su vida sin Cristo? ¿Cómo es su relación matrimonial y familiar? ¿Cuáles son sus luchas? ¿Qué le motivó a buscar a Cristo o llegar a la iglesia? ¿Cómo ha sido su experiencia en el discipulado y desde el bautismo?

25 minutos

- *Hacer un compromiso con el discipulado.* Hable del propósito de éstas lecciones bíblicas que le ayudarán a crecer como discípulo/a de Jesús. Explique que la única manera de crecer en la vida cristiana es ser obediente a la Palabra pues ella nos enseña a vivir como Jesús. Invítele directamente a que escoja ser un fiel discípulo de Jesús. Puede asegurarle que al emprender una vida de constante aprendizaje y crecimiento, recibirá por medio del Espíritu Santo principios y guía para gozar de ésta vida nueva y abundante.

Ayúdele a comprender que:

- Jesús es quien envía a sus discípulos más maduros a formar a los nuevos discípulos y que usted se compromete a enseñarle a dar los primeros pasos en la vida cristiana (Mateo 28:19-20).

- Pídale que haga el compromiso de participar durante las próximas siete semanas en las sesiones para completar este libro. Lean y revisen la "Guía para el Discípulo" que incluye este libro, para que conozca cómo trabajarán juntos mientras estudian las lecciones.

- Establezcan el tiempo y lugar para los encuentros semanales.

10 minutos

- Entregue los libros: *"Claves para la vida cristiana abundante", "Claves para la vida cristiana abundante - Recursos", una Biblia* si no tiene. Asegúrese que su discípulo disponga de una Biblia.

- Explique cómo completar la primera lección. Enfatíce al nuevo discípulo que estudie y llene semanalmente toda su lección con puntualidad. Esto les ayudará a aprovechar mejor el tiempo de sus reuniones. Si es necesario, explique qué es la Biblia y cómo buscar las citas bíblicas usando la tabla de contenido que se encuentra en las primeras páginas. Aclare cualquier idea equivocada que la persona podría tener respecto a la Biblia, y permítale que le comparta cualquier inquietud o pregunta sobre ella.

En esta etapa del discipulado es importante continuar desarrollando el hábito de la lectura de la Biblia y el discipulador es responsable de ello.

Como verá en estas lecciones se hace mucho énfasis en llevar a la vida lo que se aprende de la Escritura. Haga énfasis en que complete las secciones "Lo que aprendiste en este estudio" y "Poniendo en práctica" que se encuentran al final de cada lección. Cada semana conversarán y evaluarán sobre lo que ha escrito en éstas secciones.

5 minutos

Asigne la tarea de lectura para la semana 1: *"Lo que creemos los nazarenos"* que se incluye en el libro *"Recursos"*. Explíquele que ésta lectura contiene los artículos de fe de la Iglesia del Nazareno. Haga énfasis en que los estudie y anote todas las dudas para su conversación en la próxima semana.

5 minutos

-Finalice con oración por las peticiones del discípulo y comparta su teléfono para que pueda contactarle para cualquier consulta o necesidad.

	Lección que se asigna	Lectura que se asigna de "Recursos"
Reunión de Orientación	Lección 1	1. Lo que creemos los nazarenos
Semana 1	Lección 2	
Semana 2	Lección 3	2. Amando al estilo de Je
Semana 3	Lección 4	
Semana 4	Lección 5	3. Historia y ministerio de Iglesia del Nazareno en el mundo
Semana 5	Lección 6	4. Cómo vive un cristiano lleno del Espíritu
Semana 6	Lección 7	5. Compartiendo a Cristo mi familia y amigos
Semana 7		Opcional - Recibiréis pod 4 Pasos para ser un diezmero feliz
Semana 8		

Lección que se revisa	Lectura que se revisa de "Recursos"
Lección 1	1. Lo que creemos los nazarenos
Lección 2	
Lección 3	2. Amando al estilo de Jesús
Lección 4	
Lección 5	3. Historia y ministerio de la Iglesia del Nazareno en el mundo
Lección 6	4. Cómo vive un cristiano lleno del Espíritu
Lección 7	5. Compartiendo a Cristo con mi familia y amigos
	Recibiréis poder, 4 Pasos para ser un diezmero feliz

Guía para el discipulador

Sesiones primera a séptima.

Materiales:

- *Su Biblia*
- *Lección de la semana completa.*
- *Lea la lectura de la semana en el libro "Recursos" y esté preparado para responder preguntas y aclarar dudas.*

Metas y distribución del tiempo:

10 minutos

- Pregunte a su discípulo/a cómo ha sido su semana y cómo Dios ha obrado en su vida y su familia.

- Pregunte cómo está cumpliendo con las metas propuestas en la sección: "Poniendo en práctica".

5 minutos

- Oren juntos para agradecer a Dios y dejar en sus manos las nuevas peticiones del discípulo/a.

25 minutos

- Revisen juntos la lección completada en la semana anterior para aclarar dudas, responder preguntas, completar secciones que estén incompletas.

- Conversen sobre el tema de la lección estudiada, comparta su testimonio y experiencia personal sobre el tema de la lección. Hable sobre las decisiones que tuvo que tomar en su vida para comprometerse como discípulo de Jesús.

15 minutos

- Revisen juntos la lectura asignada la semana anterior para aclarar dudas. (Vea en páginas 22-23 el calendario de lecturas semanales del libro anexo Recursos). Para las semanas 1-2 y 3-4 puede dividir el material en dos partes para tomar más tiempo para la revisión.

5 minutos

- Asigne la tarea de lectura para la próxima semana.

- Recuérdele completar la siguiente lección para la próxima reunión.

- Termine con oración por las metas que el discípulo se ha propuesto.

Primera Sesión

¡Sigue a Cristo!

Esta lección

.... te ayudará a comprender que el llamado de Jesús al discipulado es para todos.

... te dará una visión más amplia de lo que implica ser un seguidor de Jesús.

... te desafiará a hacer un compromiso más profundo con Jesús aceptándole como Maestro y modelo para tu vida.

Para memorizar

"Pues para esto los llamó Dios,
ya que Cristo sufrió por ustedes,
dándoles un ejemplo,
para que sigan sus pasos"
1 Pedro 2:21 (DHH)

1 | Seguirle es conocerle

En estos tiempos hay mucha confusión sobre quién es o era realmente Jesús. Algunos que se llaman a sí mismos maestros o "iluminados", afirman que Jesús fue un buen guía para la gente de su época, pero que ahora hay otros maestros, semejantes a Él, enviados por la divinidad para mostrar a los hombres y mujeres el camino a la superación. Estos afirman que hay muchos caminos para llegar a conocer a Dios y alcanzar la salvación eterna del espíritu.

Sin embargo, la Biblia afirma que hay una sola persona a la cual Dios ha enviado para ser el mediador y el guía de la humanidad. ¿Quién es Él según afirma 1 Timoteo 2:5?

_____

_____

¿Cuál es el único cimiento designado por Dios para la vida cristiana en 1 Corintios 3:11?

_____

_____

¿Por qué es Jesús la única roca firme en que puede edificarse la vida cristiana según Mateo 16:13-18; Hebreos 9:14-15?

_____

_____

¿Qué seguridad puede tener un cristiano que ha puesto su fe en Cristo como la roca sobre la cual edificar su vida? Hechos 4:11-12.

_____

_____

La Biblia afirma entonces que Jesús es el único enviado de Dios para ayudar a las personas a edificar su vida conforme a la voluntad del Creador.

2 | Seguirle es obedecerle

¿Cuál es el llamado común de Jesús a las personas en...?

Mateo 8:22; 9:9

_____

Lucas 9:59; 18:22

_____

Juan 1:43

_____

¿Con cuáles hechos demostró Jesús tener autoridad sobre la naturaleza?

Mateo 8:26-27

Marcos 1:27

¿Por qué Jesús tenía este poder? Juan 1:1-18

¿Cuál es la invitación que Jesús hace a las personas que creen en Él en los siguientes versículos: Mateo 10:37-38, Lucas 14:26 y Juan 7:37?

Esta invitación de Jesús, "venid a mí" es un llamado para todos los que creen en Él a ser sus discípulos. Por tanto, ¿qué es ser un discípulo de Jesús según Juan 8:31?

En otras palabras, ser su discípulo es estar dispuesto a imitarle y aprender de Él, aplicando sus enseñanzas en todas las áreas de la vida. Ser cristiano significa ser un seguidor de Jesús. ¿Es posible ser un verdadero cristiano sin ser un discípulo de Jesús?

Según Lucas 6:46, ¿es posible ser un verdadero cristiano sin hacer lo que Jesús nos pide?

3 | Seguirle es imitarle

Jesús no trató de inculcar una nueva religión a sus seguidores basada en rituales, ceremonias o reglas. Los discípulos descubrieron poco a poco que Jesús tenía un estilo de vida en armonía continua con la voluntad de Dios. ¿Cuál era la prioridad de la vida para Jesús según Juan 6:38-40?

_____

_____

Según Juan 13: 14-15, ¿Cuál dice Jesús que debe ser la prioridad para la vida de sus discípulos?

_____

_____

4 | Seguirle es estar dispuesto a dejarlo todo

¿Qué ejemplos puede mencionar de personas que han renunciado a algo para alcanzar una meta en la vida?

_____

_____

En 2 Timoteo 2: 1-5, el apóstol Pablo compara al cristiano con un soldado esforzado y un atleta que se entrena y esfuerza para estar entre los triunfadores. ¿Cuáles son los cristianos que alcanzan la meta o el premio de la vida eterna?

_____

_____

Jesús usó un claro ejemplo de su época para dar a entender a quienes querían ser sus discípulos, que debían estar dispuestos a pagar el precio. ¿Qué comparación utilizó según narra Lucas 9:23?

_____

_____

Tomar la cruz, fue la forma en que Jesús enseñó que la vida cristiana requiere sacrificio. La cruz representaba el sufrimiento y la muerte física. La cruz fue el precio que Jesús estuvo dispuesto a pagar por nuestra salvación.

Al igual que su Maestro, los discípulos de Jesús de todas las épocas han enfrentado pruebas y dificultades por ser fieles al Evangelio. Pero justamente es en esas situaciones donde los cristianos son fortalecidos en su fe (Romanos 5:3-5)

En Mateo 24:13 hay una promesa para todos aquellos que se mantienen fieles al Señor en medio de las pruebas. ¿Cuál es?

_____

_____

Según lo que has observado en tu vida, ¿Cuáles son las dificultades que enfrentan los discípulos de Jesús en la época actual por haber decidido seguirle?

_____

_____

5 | Seguirle es ser constante

El llamado a ser un seguidor de Jesús es para toda la vida. La vida cristiana es una vida para ser vivida día por día.

¿En qué eran constantes los primeros cristianos según Filipenses 3:13-14?

_____

_____

¿Por qué no es suficiente ser oidores de la Palabra de Dios según Santiago 1:22?

_____

_____

_____

Las enseñanzas del Maestro tienen que hacerse realidad en la vida de sus discípulos. Para ello se requiere constancia. Es por eso que Jesús le exige a los que quieren ser sus discípulos que necesitan perseverar, y quien no lo hace, no puede ser su discípulo (Lucas 9:62). En este mundo nada dura toda la vida, pero los verdaderos seguidores de Jesús son los que perseveran, aún en medio de las dificultades.

Sus seguidores deben ir adoptando este estilo de vida también. ¿Qué debían buscar como prioridad sus discípulos de Mateo 6:33?

El discípulo de Jesús debe "buscar el reino de Dios", o sea procurar fervientemente que la voluntad de Dios se realice en todas las áreas de su vida y en su entorno. Pero esto no ocurre automáticamente después de haber nacido a la vida cristiana.

¿Qué áreas de la vida del nuevo discípulo de Jesús necesitan ser transformadas?

Ezequiel 11:19

Romanos 12:2

---

1 Pedro 1:14

Los deseos, costumbres y manera de pensar y actuar pasadas necesitan ser quitadas de la vida del nuevo discípulo de Jesús. Es por eso que la vida cristiana es un proceso continuo de crecimiento y transformación.

El requisito para seguir a Jesús es abandonar todo lo que

nos puede alejar de Él. Esa renuncia incluye la entrega de todo al Señor, para que Él disponga de ello y que seamos administradores de esos recursos. Según Efesios 4:13 ¿Cuál es la meta a alcanzar para el discípulo de Cristo?

_____

_____

_____

¿Se puede seguir a Jesús sin hacer cambios o ajustes en la vida?

_____

_____

_____

Estos cambios no ocurrirán por sólo entender que son convenientes. Se requiere de una disposición del corazón para ser transformado a semejanza de Jesús. Un discípulo de Jesús necesita tomar la decisión de ser transformado por Él.

Lo que aprendiste de este estudio

_____

_____

_____

_____

_____

_____

_____

Poniendo en práctica

1. Leemos los Salmos 18:2 y 62:1-2 y responde: ¿Es Cristo tu "roca" y tu "salvación"?

_____

_____

_____

¿Cómo pueden otros observar esta verdad en tu vida?

_____

_____

_____

_____

_____

_____

Ora para comunicar a Dios tu respuesta y pedir su ayuda para mantenerte firme en tu decisión de seguir a Cristo.

2. Luego de leer Juan 6:67-69, ¿en quién, además de Jesús, puedes encontrar la vida eterna?

_____

_____

_____

_____

_____

_____

3. Ora pidiendo ayuda y dirección a Dios para vencer en cada situación.

4. Si tienes obstáculos para seguir a Cristo, compártelos con tu discipulador o grupo de compañerismo. Es posible que ellos puedan darte sugerencias valiosas basadas en su propia experiencia personal o en la de otros cristianos más maduros.

Segunda Sesión

¡Ama a Dios
Con todo tu ser!

Esta lección

... te enseñará más acerca de cómo es Dios y cuánto Él te ama.

... te guiará a descubrir lo que Dios ha hecho y continúa haciendo para atraer hacia Él a los seres humanos por medio de su amor.

.... te ayudará a comprender que Dios te creó para tener compañerismo con él.

... te mostrará cómo puedes experimentar el verdadero amor que proviene de Dios y corresponder a ese amor sin reservas.

Para memorizar

"Jesús le dijo: Ama al Señor tu Dios
con todo tu corazón, y con toda tu alma,
y con toda tu mente. Este es el más importante
y el primero de los mandamientos".
Mateo 22: 37-38 (Versión dios Habla Hoy)

1 | ¿Qué es amar?

En Mateo 22:37-38 Jesús nos recuerda que el más importante de los mandamientos que deben guardar los hijos de Dios, es...

¿Qué entiendes por amar?

_____

No es fácil describir el amor. Eso se debe a que el verbo amar ha perdido su verdadero significado. No podemos comprender en plenitud qué es el amor, si no comprendemos quién es Dios. Dios es la fuente del amor y de donde proviene la capacidad de amar de los seres humanos.

2 | ¿Cómo Dios demuestra su amor hacia nosotros?

En los primeros cuatro capítulos del libro de Génesis se relata cómo Dios, partiendo de la nada, creó todo el universo y lo que en él hay.

¿Qué calificación otorgó Dios a los seres humanos y al resto de la creación, luego de evaluar su obra según Génesis 1:31?

_____

_____

Los seres humanos salieron de su mano "perfectos", o "buenos en gran manera", como el resto de su creación. Esta perfección no se refiere solamente al aspecto físico, sino también a su capacidad mental, a sus deseos, sus emociones, sus sentimientos y su pureza de espíritu.

¿Qué hizo al primer hombre y la primera mujer tan especiales? Génesis 1:26-27

_____

_____

¿Con qué propósito otorgó Dios a los seres humanos la inteligencia y la capacidad de relacionarse con su creador?

_____

_____

A Dios le agrada tener compañerismo con los seres humanos.

De esa manera puede compartir con ellos su amor, su sabiduría y ser nuestro Padre tierno y protector. Dios es Espíritu pero también es una persona. Como nosotros, Dios siente alegría, se enoja, razona con sus hijos, perdona, ama, siente dolor y tiene misericordia.

Encuentra en los siguientes pasajes algunas de estas características de Dios:

Génesis 6:6

Salmo 86:15

Lucas 12:6

---

1 Juan 4:10,16

No debemos tratar a Dios como si fuera un ser insensible, listo a castigarnos cuando cometemos errores. Dios tampoco es un conjunto de reglas o normas que se deben obedecer. No busquemos a Dios sólo cuando lo necesitamos para algo.

Él es un padre amoroso que quiere abrazarte, se interesa por ti, le agrada conversar contigo, y guiarte para que no te lastimes. Porque es un amigo, Él desea ayudarte a ser un mejor hijo, un mejor esposo o esposa, un mejor padre o madre. Dios desea la felicidad para sus criaturas. Pero algo ocurrió que afectó el plan de Dios. ¿Qué fue? Puedes leerlo en Génesis 3: 1-24.

A causa de la obediencia de Adán y Eva, el pecado, el sufrimiento y la muerte quebrantaron el maravilloso equilibrio del mundo creado por Dios, y trajeron desgracia a todas las criaturas.

Pero Dios no desistió de su propósito de tener compañerismo con los seres humanos. Es por eso que Dios en su amor, pone en marcha su plan de salvación a fin de rescatar a los seres humanos del pecado y traerlos nuevamente a una relación íntima con su creador.

La Biblia fue escrita por personas que tuvieron compañerismo con Dios y que en obediencia a él, relataron cómo este plan se fue desarrollando en la historia humana. Ella narra como Dios dio todo de sí mismo para reconciliarnos con él (Romanos 5:8).

¿Por qué Dios intervino en la historia humana enviando a su Hijo Jesús, según Juan 3:16?

_____

_____

Personaliza este versículo escribiéndolo en tus propias palabras y colocando tu nombre:

Porque_____Dios me amó

a mí_____que ha_____
        (Escribe tu nombre)

_____

_____

Menciona algunos ejemplos de cómo Dios te muestra su amor.

_____

_____

Mientras el plan de salvación de Dios se fue desarrollando, Dios fue dándose a conocer a los seres humanos. La Biblia nos muestra que Dios es uno, pero que a la vez es tres personas en uno: Dios Padre, Dios Hijo y Dios Espíritu Santo (La Trinidad).

3 | Dios anhela que su amor sea correspondido por sus criaturas.

¿Conoces a alguien que amó mucho pero que su amor no fue correspondido?

Algunas personas cometen el error de creer que se puede amar a Dios superficialmente. Para ellas, el amar a Dios es cuestión de cumplir ciertos ritos, oraciones y sacrificios. Pero la Biblia afirma que todo esto es inútil, porque no agrada a Dios.

¿En qué forma trataron de agradar a Dios los pueblos mencionados en Isaías 1:10-20?

_____

¿Crees que estas personas amaban a Dios como él desea que le amen, según lo que dice en Mateo 22:37-38?

_____

_____

¿Por qué no agradaban a Dios si cumplían con todos los rituales y festividades religiosas?

_____

¿Qué otros ejemplos contemporáneos de formas equivocadas de buscar a Dios puedes mencionar?

_____

_____

4 | Ama a Dios con todo tu ser

¿Cómo quiere Dios que tú le ames, según Deuteronomio 6:5?

_____

_____

¿Crees que es fácil amar de esa manera? Sí_____ No_____

Los seres humanos tenemos la tendencia de amar a quien nos demuestra su amor. Amamos a las personas por lo que hacen o son capaces de hacer. ¿Crees que Dios te ama por lo que haces, o por lo que eres?

Verifica tu respuesta con los siguientes versículos: Romanos 5:8; Efesios 2:4-5; Tito 3: 4-7; I Juan 4:10.

¿Debemos confiar en que Dios les dará vida eterna a aquellas personas que hacen obras buenas, según Efesios 2: 8-10?

Las buenas acciones no pueden compensar delante de Dios nuestros pecados. Entonces, ¿para qué deben ocuparse en hacer buenas obras los discípulos de Jesús según se afirma en Mateo 5:16?

Dios nos ama por lo que somos, no por lo que hacemos. De la misma manera nosotros debemos amarle por lo que Él es. Algunas personas tienen miedo de amar a Dios por que han sido defraudadas en su amor anteriormente por alguna persona. Es difícil volver a confiar en alguien cuando los sentimientos han sido lastimados. Pero estas personas ven desaparecer sus temores cuando conocen más y más a Dios y experimentan su gran fidelidad.

Una y otra vez en las páginas de la Biblia se alaba a Dios por su fidelidad (Salmo 40:10; 92:2; Lamentaciones 3:23). Dios es fiel independientemente de lo que nosotros hagamos. Aunque nosotros le fallemos, Él sigue siendo fiel.

Busca en la Biblia algunos ejemplos de cómo se manifiesta la fidelidad de Dios.

1 Corintios 10:13

2 Tesalonicenses 3:3

1 Juan 1:9

Dios quiere que le conozcas y le ames más cada día. Dios quiere que aprendas a demostrar tu amor por Él. Este será el tema de las próximas lecciones.

Lo que aprendiste de este estudio

_____

_____

_____

_____

_____

_____

Poniendo en práctica

1. En los siguientes pasajes bíblicos encontrarás más información sobre cómo es nuestro Dios. Léelos durante tu tiempo especial con Dios esta semana y haz una descripción de los que es Dios para ti y cómo quieres que sea tu relación con él de ahora en adelante. Ora dando gracias a Dios cada día por lo que Él es para ti.

Lunes: Deuteronomio 7:9

_____

_____

Martes: 1 Crónicas 29: 10-19

_____

_____

Miércoles: Salmos 90:2 y 119: 137

_____

_____

Jueves: Jeremías 23:24; 32:17

_____

_____

Viernes: Juan 1:18; 4:24

_____

_____

Sábado: Juan 1:5; 3:20; 4:16

_____

_____

Domingo: Salmo 130: 3-41

_____

_____

Haz una lista de aquellas cosas que vas a hacer esta semana para demostrarle a Dios tu amor.

- [ ] _____
- [ ] _____
- [ ] _____
- [ ] _____
- [ ] _____
- [ ] _____

Marca con una X las que lograste realizar.

Tercera Sesión

¡Ama a otras personas!

Esta lección

... te ayudará a comprender que la voluntad de Dios es que los seres humanos se amen los unos a los otros.

... te ayudará a conocer al modelo supremo de amor en acción para los cristianos: Jesucristo.

.... te enseñará a reconocer quién es tu prójimo a quien Dios te pide amar.

... te mostrará cómo puedes experimentar el verdadero amor que proviene de Dios y a ponerlo en acción.

Para memorizar

*"Amarás a tu prójimo
como a ti mismo".
Mateo 22: 39*

1 | Fuiste creado con la necesidad de amar y ser amado

Desde pequeños los seres humanos necesitan del amor para crecer sanos mental, física, social y espiritualmente. Hay muchos casos de enfermedades que tienen su origen en la carencia de amor.

¿Puedes mencionar algunos ejemplos?

_____

_____

_____

En la lección anterior se ha visto que los seres humanos fueron creados con la capacidad de amar y recibir amor de Dios. El primer y gran mandamiento de Jesús para sus discípulos es amar a Dios. Es pues justamente en esa relación de amor, que el ser humano encuentra satisfacción a su necesidad de amor eterno que es inherente a cada persona humana.

Pero amar a Dios y tener compañerismo con él no es todo lo que Jesús espera de sus discípulos. Desde el principio el plan original del Creador fue que los seres humanos también se relacionaran en amor los unos con los otros. Esto lo vemos en los siguientes pasajes:

¿Si Adán tenía una perfecta relación con Dios, por qué se sentía sólo? Génesis 2:18-25

Dios creó al hombre y a la mujer para vivir en una familia, donde se cuidan y se aman los unos a los otros. Más adelante Dios llamó a Abraham. ¿Qué plan tenía Dios para la vida de Abraham según Génesis 12:1-2?

De la descendencia de Abraham Dios formó el pueblo de Israel (pueblo hebreo), de donde vendría Jesús. ¿Con qué propósito envío Dios a Jesús al mundo según Tito 2:14?

Así que todos los seguidores de Jesús son parte de un nuevo pueblo (1 Pedro 2:9-10). ¿Qué otro nombre recibe el pueblo de Dios en el Nuevo Testamento en Hechos 2:47?

_____

_____

_____

¿Cómo deben ser las relaciones entre los discípulos de Cristo que componen la iglesia, según se afirma en 1 Juan 4:7-8?

_____

_____

_____

Según 1 Juan 4:16, ¿Cuál es la característica que identifica a un discípulo de Cristo?

_____

_____

_____

2 | Jesucristo nuestro modelo perfecto de amor en acción

Dios sabía que los seres humanos, a causa del pecado, no podían amarse perfectamente los unos a los otros, de acuerdo al propósito original para el que fueron creados.

Jesús vivió entre los seres humanos siendo ejemplo perfecto y continuo del amor de Dios actuando. ¿Qué cosas hizo Jesús por amor a la gente de su tiempo según se narra en los evangelios?

Lucas 4:38

_____

Lucas 4:43

_____

Lucas 9:10-17

_____

¿Podemos nosotros amar como lo hizo Jesús?

¿Crees que Dios te pediría que hagas algo que no puedes? Responde luego de leer Efesios 5:1-2.

3 | Tú puedes poner en práctica el amor de Dios imitando a Jesús

a. Jesús tuvo compasión

Según Mateo 9:36, ¿Qué experimentó Jesús al ver las multitudes?

Compasión es sentir dolor o misericordia por la desgracia ajena. El sentir compasión no es solamente simpatizar con la otra persona, es también identificarse con ella, sentir su dolor, su necesidad. Sentir compasión no es sentir lástima. Muchas personas sienten lástima por los que sufren, pero no hacen nada para remediarlo.

Jesús es la compasión personificada del Creador, quien viendo a sus criaturas perdidas y sin esperanza, decidió actuar para remediarlo (Mateo 15:32). Jesús demostró que el amor no son sólo palabras (1 Tesalonicenses 1:3; Hebreos 6:10 y 10:24). ¿A qué debe mover entonces la compasión a los cristianos?

La Iglesia del Nazareno por medio de Ministerios Nazarenos de Compasión promueve, entrena y alienta a los cristianos a poner en práctica de manera concreta la compasión que debe caracterizar su manera de vivir supliendo diversas necesidades de los demás.

b. Jesús amó a todos por igual.

Para demostrar a sus contemporáneos que los hijos de Dios deben amar a todas las personas, Jesús relató la parábola del Buen Samaritano, que puedes leer en Lucas 10:25-37. Con esta parábola Jesús tenía el propósito de enseñar que el mandamiento de amor al prójimo no tiene límites, incluye a personas de toda raza, cultura, religión, ideología política, sexo, edad, nivel social, económico o cultural, incluyendo aun a los enemigos.

¿Quién es el prójimo en el relato arriba mencionado?

_____

¿Hasta qué extremo llevó Jesús esta enseñanza según Mateo 5:43-44?

_____

¿Por quiénes pide perdón Jesús según Lucas 23:34?

_____

_____

Amor y perdón son inseparables pero no son accesibles fácilmente a los seres humanos. Solamente por el amor que Dios nos da cuando se lo pedimos en oración es que podemos perdonar de esta manera.

c. Para aprender a amar, comienza amándote a ti mismo.

Algunas personas tienen un concepto equivocado de sí mismos. ¿Qué dice Romanos 12:3 al respecto?

_____

_____

¿Cuáles son algunas maneras incorrectas de amarte a ti mismo según 2 Corintios 10:12-13 y 2 Timoteo 3:2?

_____

_____

Otros por el contrario se ven a sí mismos como indignos de ser amados y valorados. Algunas personas no se perdonan a sí mismas de los errores cometidos en el pasado. Los cristianos deben aprender a verse a sí mismos como Dios les ve.

Tú eres una persona valiosa en las manos de Dios. Dios te ama y si le has pedido perdón por tus faltas y pecados, ten por seguro que Él te ha perdonado todo y lo ha olvidado (Miqueas 7:19). Eres una nueva criatura para Él, para ti mismo y para los demás.

El amor a ti mismo es la medida del amor que Dios te pide para los demás (Mateo 7:12). Cuando no sepas qué debes hacer, puedes preguntarte: Si yo fuera... ¿cómo me gustaría que me trataran en esta situación?

d. Jesús quiere que sus discípulos se amen y permanezcan unidos.

La iglesia se compone de seres humanos y los cristianos que la componen aunque son salvos, no están sin faltas. Ellos como tú, están aprendiendo a vivir como discípulos de Jesús y están aprendiendo a amar como amó Jesús. ¿Qué ejemplo da el apóstol Pablo al respecto en su carta a los Filipenses 3:12-14?

_____

_____

_____

_____

_____

En la biblia hay varios consejos para que los miembros de la familia de Dios (iglesia) cultiven sus relaciones y aprendan a vivir como hermanos en la fe. Investiga en los siguientes pasajes cuáles son: Mateo 5:22, 18:15, 21-22; Romanos 12:9-10; Gálatas 6:1 y Efesios 4:2.

_____

_____

_____

e. Jesús estaba lleno del Espíritu Santo.

Según Juan 17:26, ¿qué amor le dio Jesús a sus discípulos?

_____

¿Por medio de quién es derramado el amor de Dios en los corazones de sus hijos, según Romanos 5:5?

_____

_____

Según 1 Tesalonicenses 3:12, el amor de Dios debe_____

_____y_____en tu corazón.

El Espíritu Santo de Dios es quien te enseña a amar a tus prójimos como Jesús lo hizo. Puedes orar pidiendo a Dios que te llene del Espíritu Santo y de su amor.

Lo que aprendiste de este estudio

_____

_____

_____

_____

_____

_____

_____

Poniendo en práctica

1. Reflexiona en la siguiente frase: "Tú puedes dar sin amar, pero no puedes amar sin dar". Luego lee Juan 3:16

2. Lee Salmo 133 y descubre: ¿Qué bendición está reservada a aquellos hermanos que aprenden a amarse de corazón?

_____

_____

_____

3. ¿Cómo se perfecciona el amor en los hijos de Dios según 1 Juan 2:3-6?

_____

_____

_____

4. Lee 1 Juan 4:7-21 y responde: ¿Por qué no es posible amar a Dios sin amar al hermano?

_____

_____

_____

5. Escribe un listado de algunas cosas que puedes hacer durante esta semana para demostrar el amor a tus familiares, hermanos de la iglesia y a tus prójimos en tu comunidad, lugar de trabajo, escuela, u otros. Pídele a Dios que te ayude a cumplir estas metas.

- ☐ _____
- ☐ _____
- ☐ _____
- ☐ _____
- ☐ _____
- ☐ _____

Marca con una X las que lograste realizar.

Cuarta Sesión

¡Permite a Jesús Ser Señor de todo!

Esta lección

... te ayudará a comprender que todo lo que posees te ha sido dado por la mano generosa de Dios.

... te mostrará que Cristo te ha dado una nueva vida para ser tu Señor y para que tú seas un buen administrador de todo lo que Él te da.

... aprenderás algunas características de los buenos administradores.

... te informarás de algunas cosas que puedes comenzar a hacer como un administrador fiel del Señor.

Para memorizar

> "Pues si vivimos, para el Señor vivimos
> y si morimos, para el Señor morimos.
> Así pues sea que vivamos, o que
> muramos, del Señor somos".
> Romanos 14:8

1 | ¿Quién es el dueño de todo?

¿Cuál es la diferencia entre tener uso de algo y ser dueño de algo?

Compara tu respuesta con Hechos 4:32

Según Salmos 24:1 ¿quién es el dueño de todas las cosas? Escoge entre las siguientes opciones:

_____ El individuo   _____ La familia

_____ La comunidad   _____ El gobierno

_____ La Iglesia   _____ Dios

¿Por qué no es correcto decir que el ser humano es dueño de lo que posee según afirma 1 Corintios 4:7 y 1 Timoteo 6:7?

_____

¿En qué nos basamos para decir que Dios es el dueño de todo?

Job 38:4 _____

Salmo 100:3_____

Isaías 45:12_____

Hechos 17:28_____

Dios te creó, te da provisión diaria para que continúes con vida; te ha rescatado del poder del pecado y de la muerte por medio de la sangre de su Hijo Jesús; y te ha hecho parte de su pueblo santo para que le sirvas a él con todo tu ser. Todo lo que eres y lo que tienes te ha sido dado por Dios. Ahora te pide que seas administrador de todo esto.

2 | Dios te ha hecho su administrador

Otras palabras que usó Jesús como sinónimos de administrador son: mayordomo y siervo. ¿Qué es un siervo según Marcos 10:43-45?

_____

En el tiempo de Jesús existía la esclavitud y decir siervo era lo mismo que decir esclavo. La vida de un esclavo tenía el único propósito de complacer a su dueño, a quien se le llamaba "señor".

Un mayordomo era un siervo que cumplía funciones de administrador bajo las órdenes de su amo. Si Jesús es el Señor, entonces ¿quiénes son sus administradores, siervos o mayordomos?

_____

Jesús fue ejemplo perfecto de una persona que pone su vida al servicio de Dios. Entonces, ¿Quién es un mayordomo?

_____ El que usa la propiedad del dueño como bien le parece.

_____ El que obedece los deseos del dueño.

_____ El que decide qué hacer con la propiedad del dueño.

3 | Características de un buen administrador de los bienes de Dios

En la parábola de Mateo 25:14-30 ¿en qué se diferencia un buen administrador de uno malo?

_____

Si tuvieras que encargar a alguien el cuidado de algo que tiene mucho valor para ti ¿Qué características buscarías en esa persona?

_____

_____

_____

Quisiéramos resaltar tres requisitos del Nuevo Testamento para ser un buen mayordomo de Dios.

El primer requisito se encuentra en 1 Corintios 4:1-2 ¿Cuál es?

_____

Un mayordomo fiel es aquel que cumple con sus responsabilidades, cuida los intereses de su Señor y pone sus capacidades a su servicio.

El segundo requisito puedes hallarlo en Tito 1:7. ¿Cuál es?

Otra palabra para irreprensible es "íntegro". Una persona íntegra es aquella a la cual ninguna persona puede acusarle de faltas. Si el mayordomo no es "íntegro" las personas pueden hacerse una idea equivocada del dueño, pues él le representa delante de ellos.

El tercer requisito puedes hallarlo en Hechos 6:3,10; 7:9-10. ¿Cuál es la cualidad que se repite en estos siervos de Dios?

Cómo puede un cristiano ser más sabio según Santiago 1:5?

4 | Las responsabilidades de un administrador al servicio de Dios.

Son cuatro las responsabilidades de un administrador de Dios.

a. Seguir las instrucciones: Hemos aprendido que Dios es quien decide qué hacer con su propiedad y que nosotros sólo debemos seguir sus instrucciones. La Biblia nos enseña cómo usar correctamente los bienes que hemos recibido de Dios.

b. Buscar dirección: Como administrador necesitas estar en contacto con Dios para conocer su voluntad y recibir nuevas instrucciones. Dios no siempre revela su voluntad de una sola vez, sino que lo hace paso a paso. ¿Cómo revela Dios su voluntad a sus siervos poco a poco en los siguientes pasajes?

Génesis 12:1

Hechos 9:6

Hechos 16:6-10

Hebreos 11:8

c. Invertir sabiamente los recursos recibidos: Dios quiere que sus hijos sean fieles e inviertan lo que él les ha dado con el fin de multiplicar estos recursos. Estos recursos pueden ser: su vida, su tiempo, sus habilidades, su dinero, sus bienes y otros.

Según 2 Corintios 9:6-11, ¿Cuál es la promesa de Dios para todos los que invierten su vida de acuerdo a su plan?

De acuerdo al plan de Dios una persona sabia invierte lo que ha recibido como administrador en tres personas:

DIOS	OTROS	UNO MISMO

¿Qué ha prometido el Señor a aquellos que le dan lo que le pertenece? Malaquías 3:10-12

Dios quiere que compartamos con otros lo que Él nos da. ¿De qué manera has de hacerlo? 2 Corintios 9:7

Dios te bendecirá cada vez que le des algo que Él te pida. Siempre recibirás más de Dios, más de lo que tú puedas darle. ¿Hay alguna persona que sea tan pobre que no sea capaz de dar algo para Dios o para otros? ¿Qué dice Hechos 3:6 al respecto?

d. Informar: En Mateo 25:14-30, Jesús enseñó que cada persona debe dar cuentas de lo que administra ¿A quién?

La oración es el medio que tenemos los cristianos de dar cuentas a Dios, evaluar junto a él nuestro desempeño en las diferentes áreas de la vida y hacer planes para Él. Pero también necesitamos rendir cuentas entre nosotros: líderes y hermanos en la iglesia.

5 | Entrega a Cristo el control de tu vida

Según Colosenses 1:13-18; Romanos 14:9 y Hechos 10:36, ¿A quién ha dado Dios el Padre el título de Señor de tu vida?

La decisión es tuya. ¿Deseas entregar a Cristo el control de tu vida?

Si tu respuesta es sí: dile al Señor en oración:

> *"Cristo te entrego cada aspecto de mi vida que he señalado, te pido que tomes el control de todo mi ser y que me ayudes a vivir cada día bajo tu señorío".*

Si tu respuesta es no, ¿cuál es el impedimento?

A continuación se incluye un gráfico que puede serte útil para visualizar cómo es una vida sujeta al señorío de Cristo. Ubica los diferentes aspectos de tu vida que debes someter al señorío de Cristo. Por ejemplo: matrimonio, hijos, educación, tiempo libre, trabajo, finanzas, u otros.

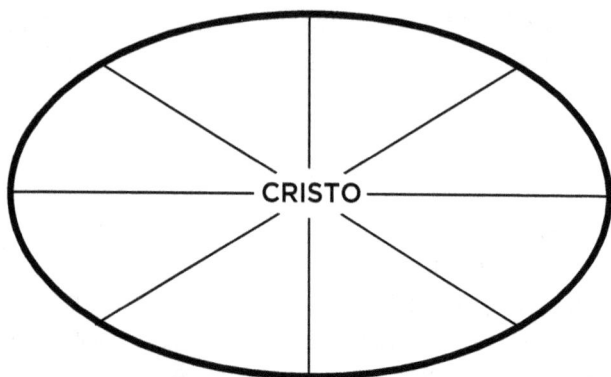

CRISTO

Lo que aprendiste de este estudio

_____
_____
_____
_____
_____
_____

Poniendo en práctica

1. Lee: 1 Corintios 6:19-20 y 2 Corintios 5:14-15. Medita: ¿Cuáles serán las implicaciones prácticas de entregar el control de tu vida al Señor?

2. Lee: Marcos 16:15; Efesios 5:16 y Filipenses 4:8. Medita: ¿Cómo puedes invertir estos bienes que has recibido de Dios: tu mente, personalidad, capacidades, tiempo y conocimiento del evangelio de Jesús?

3. Lee: Lucas 14: 28-32. Examina tus metas, prioridades y planes para esta semana a fin de considerar si están de acuerdo a la voluntad de Dios para ti, respondiendo las siguientes preguntas:

Mis metas, prioridades y planes, ¿son un deseo personal que Dios aprobaría?

_____

¿Si Jesús estuviera en mi lugar, lo haría de este modo?

_____

¿Estoy siendo fiel a Dios con mis metas, prioridades y planes?

_____

_____

¿He pensado en cómo afectarán mis metas, prioridades y planes a mis prójimos (familia, amigos, hermanos, compañeros de trabajo, etc.)? Mis metas, prioridades y planes, ¿contribuirán a mi crecimiento como discípulo de Cristo?

_____

_____

¿Estoy dedicando tiempo suficiente para mi crecimiento espiritual: estudio bíblico, oración, asistencia a la iglesia, compañerismo cristiano, u otros?

_____

_____

_____

_____

¿Estoy apartando para Dios y su obra el diezmo de todos mis ingresos de esta semana?

_____

Haz una lista de aquellas cosas que harás esta semana respondiendo a lo que Dios espera de ti como administrador responsable de lo que Él ha puesto en tus manos.

Quinta Sesión

¡Sirve a Cristo!

Esta lección

> ... te ayudará a comprender que Dios te ha dado nueva vida para que seas un ministro al servicio de Cristo.

> ... te mostrará las diferentes áreas donde Cristo quiere que le sirvas.

> ... te dará ideas prácticas para que comiences a servir a Jesús esta misma semana en tu hogar, trabajo, centro de estudios, iglesia y comunidad.

Para memorizar

> *"Ningún siervo puede servir a dos señores;*
> *porque o aborrecerá al uno y amará al otro,*
> *o estimará al uno y menospreciará al otro".*
> *Lucas 16:13a*

1 | ¿Qué es ser un siervo?

En la lección anterior se aclaró que un siervo es uno que no es su propio amo sino que tiene a otro por amo.

¿Cuál es otra palabra que se usa en el Nuevo Testamento como sinónimo de "siervo"? Escoja una entre las siguientes opciones:

_____ hermano _____ patrón _____ esclavo _____ señor

¿Es correcto decir que una persona es esclava de aquella cosa o persona a la que dedica la mayor parte de su tiempo, atención y dinero? Mateo 6:24.

¿A quién debe servir únicamente el cristiano según 1 Corintios 4:1?

¿Qué ejemplo nos dio Jesús en cuanto al servicio? Marcos 10:45; Lucas 22:27.

Según Filipenses 2:7 ¿Aceptó Jesús venir a servir voluntariamente o le fue impuesto por su Padre?

Según 1 Corintios 12:27 y Efesios 5:23, ¿Cuál es la relación de Cristo con la iglesia?

Lee Efesios 5:25-27 y explica con tus propias palabras ¿Cuán importante es la iglesia para Dios y cómo lo ha demostrado?

Jesús estuvo dispuesto siempre a realizar labores humildes. Nunca puso excusas o se negó a hacer aquellas tareas que demandaran mucho esfuerzo o sacrificio personal. Si Jesús debe ser tu ejemplo en todo ¿Qué te enseña su actitud?

Jesús servía de diferentes maneras a la gente que le rodeaba dando respuesta a sus necesidades. El enseñaba, sanaba, predicaba, consolaba, alimentaba a los hambrientos y ¡hasta lavó los pies de sus discípulos, cuando ninguno de ellos quería hacerlo! De la misma forma en que Jesús sirvió a las personas, nosotros sus discípulos, tenemos el privilegio de servirles.

2 | ¿Qué significa ser un ministro de Cristo?

En la Biblia se usa la palabra "ministerio" para indicar todo servicio que se hace para Dios. Las palabras "servicio" y "ministerio" transmiten la misma idea.

Cuando Jesús atendió las necesidades de la gente ¿se preocupó sólo de su vida espiritual o también de sus padecimientos físicos y emocionales?

¿Los siervos de Jesucristo deben ocuparse del bienestar de sus prójimos, tanto en lo espiritual, como en lo físico, emocional, económico, familiar, social, educacional, etc.?

Sí _____   No _____

Algunos cristianos creen en Jesucristo, pero no hablan a otros de Jesús, ni hacen nada para ayudar a las personas en sus necesidades.

¿Crees que este tipo de cristianismo es aprobado por Dios?

¿Por qué?

Compara tu respuesta con Santiago 1:22-25

Hay diferentes tipos de ministerio o formas de servir al Señor para cada discípulo de Cristo.

¿Es correcto afirmar que desde el momento en que Dios te dio una nueva vida en Cristo Jesús, Él ha preparado un ministerio para ti? Efesios 2:10

_____

_____

_____

También hay diferentes esferas o campos de ministerio. El cristiano es una persona que vive sirviendo a Cristo en todo lugar donde se encuentre. El gráfico a continuación representa la vida de un cristiano adulto promedio. Este es responsable de ser un ministro de Cristo cuando está en su hogar, en su trabajo, en su vecindad y aún tiene responsabilidad de servir a las personas más allá de su comunidad o de las fronteras de su país.

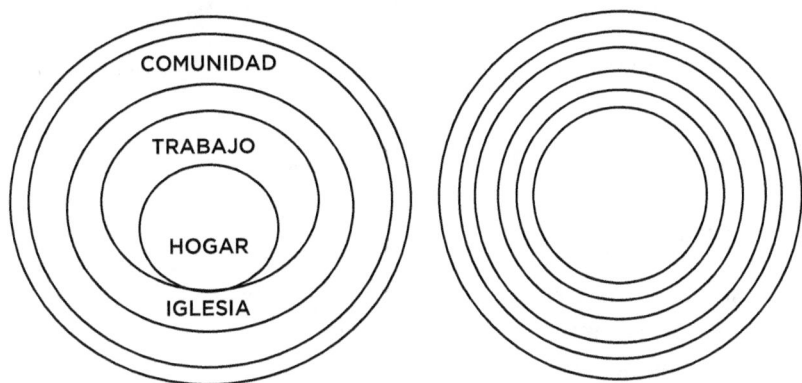

En el gráfico vacío, escribe las esferas en las que tienes responsabilidad de servir a otros como cristiano.

3 | Sirviendo a Cristo en tu hogar

¿Quién es el creador del matrimonio y la familia?

_____

Dios desea que sus hijos vivan en el abrigo y seguridad de una familia. La familia fue creada por Dios para dar amor, compañerismo, confianza, ánimo y protección a los seres humanos.

Luego de leer Efesios 5:25 al 6:4, señala algunas conductas que has observado en familias que conoces que no concuerdan con el ideal de familia que Dios tiene en mente para sus hijos:

_____ Los hijos pequeños tienen falta de atención porque sus padres dedican todas sus energías en sus trabajos, comunidad o iglesia.

_____ Los padres no dan dirección espiritual a sus hijos.

_____ Los hijos jóvenes no tienen comunicación con sus padres.

_____ Los padres no saben qué hacen y dónde van sus hijos.

_____ Los padres tienen vicios en los que gastan su salario y sus hijos son mal atendidos.

_____ Hay violencia física, maltratos y palabras ofensivas en el trato mutuo.

_____ Uno de los cónyuges tiene relaciones extramaritales.

_____ Otro:_____

El deseo de Dios para sus siervos es que ellos le sirvan primero en su entorno más cercano: su familia. Hay muchas formas en que puedes servir a tu familia. ¿Cómo piensas que puedes servir mejor a tu familia? Escribe algunos ejemplos:

_____
_____
_____
_____
_____
_____

4 | Sirviendo a Cristo en tu trabajo

El ser humano fue creado por Dios con la capacidad de trabajar (Génesis 1:26-28). El trabajo no debe ser visto como una maldición sino como una bendición y una oportunidad de servir. ¿Qué ejemplo nos dio Jesús en esto? Juan 5:17

Hay muchas formas en que el creyente puede servir a Dios en su trabajo. A continuación encontrarás una lista de algunas de ellas que puedes comenzar a realizar esta misma semana:

- Trabajando a conciencia, con creatividad, diligencia y responsabilidad.
- Siendo mayordomo fiel de los recursos que administras (equipo, personas, edificios, áreas verdes, etc.)
- Haciendo el trabajo como para Dios. No importa si es un trabajo manual o intelectual, si es o no remunerado.
- Sirviendo cuando te sea posible a tus compañeros de trabajo en sus necesidades.

5 | Sirviendo a Cristo en tu iglesia del Nazareno

Debido a que la palabra "ministro" se ha usado por mucho tiempo en las iglesias para referirse al ministerio pastoral, algunas personas han llegado a entender que este ministerio es el único y el más importante. ¿Es esto correcto según Efesios 4:11-13?

¿Cuál es el propósito de estos ministerios?

Haz una lista de algunas necesidades de la gente de tu vecindario.

¿Es posible que una sola persona pueda satisfacer todas estas necesidades?

_____

Es por esa razón que Jesús te ha hecho_____de su Cuerpo o Iglesia (Efesios 5:29-30).

Luego de leer Efesios 4:1-16, responde: ¿Con qué propósito te ha hecho Jesús un miembro de su Iglesia, según los vv. 11 a 16?

_____

_____

_____

Así como los miembros de cuerpo humano (ej. brazos y piernas) no pueden ser útiles separados del tronco, así también los discípulos de Jesús necesitan permanecer unidos a una iglesia local (grupo de creyentes de una localidad), a fin de servir al mundo conforme a la voluntad de su Señor (Juan 17:20-21).

Los miembros de la Iglesia del Nazareno alrededor del mundo son personas que como tú han aceptado el desafío de servir a Cristo y servirse los unos a los otros en amor

¿Te gustaría ser parte de esta familia internacional?

Sí _____ No _____ Aún tengo dudas _____

Si tu respuesta es sí, comunica tu deseo a tu discipulador o pastor para recibir instrucciones al respecto.

6 | Sirviendo a Cristo en tu comunidad y mundo

Como seguidores de Jesús hemos sido llamados a contribuir en el desarrollo pleno de nuestras comunidades y del mundo físico en todas sus dimensiones (salud, educación, vivienda, empleo, etc.). ¿Qué necesidades ves en tu comunidad en que puedes colaborar como seguidor de Jesús?

_____

_____

Lo que aprendiste de este estudio

_____

_____

_____

_____

_____

Poniendo en práctica

1. Lee: Filipenses 1: 12-30. Escribe tu reflexión personal sobre lo siguiente: ¿Cuál era el motivo que Pablo tenía para vivir? ¿Cuál es tu motivo para vivir? ¿Es valiosa la vida para ti? ¿Crees que tu vida puede ser de más valor? ¿Cómo?

_____

_____

_____

2. Lee: Filipenses 2: 1-11. Haz una lista de las recomendaciones de Pablo en cuanto a ¿cómo debe servir el cristiano siguiendo el ejemplo de Jesús?

_____

_____

_____

3. Lee: Colosenses 3:18-4:6. Examina cómo ha sido tu relación esta semana con tu familia, amigos, compañeros de trabajo, de estudio, vecinos de la comunidad y hermanos de la iglesia. Especialmente examina cómo te has conducido con las personas que tienen autoridad sobre ti. ¿Crees que necesitas pedir perdón o disculparte con alguien a quien has ofendido o tratado mal? Si es así pide perdón a Dios y hazlo en la primera oportunidad que tengas.

Sexta Sesión

¡Sé lleno del Espíritu Santo!

Esta lección

... te enseñará más sobre la persona del Espíritu Santo para que puedas tener compañerismo con Él.

... te ayudará a comprender de qué manera el Espíritu Santo ha estado presente antes, durante y después de tu conversión.

... te guiará a descubrir en tu vida algunas disposiciones y actitudes que atentan contra tu crecimiento espiritual de las que Dios quiere limpiarte por medio del Espíritu Santo.

... te enseñará que ser lleno del Espíritu Santo es ser lleno de amor de Cristo.

Para memorizar

"Que Dios mismo, el Dios de paz, los haga a ustedes perfectamente santos, y les conserve todo su ser, espíritu, alma y cuerpo, sin defecto alguno, para la venida de nuestro Señor Jesucristo. El que los ha llamado es fiel, y cumplirá todo esto"
1 Tesalonicenses 5:23-24 (Versión Dios Habla Hoy).

1 | Es Espíritu Santo es una persona

La palabra "espíritu" significa vida, respiración y la palabra "santo" significa puro, separado del mal. La santidad es la esencia misma de Dios (Levítico 19:2).

El Espíritu Santo es la tercera persona de la Trinidad, es Dios. Porque es una persona espiritual es invisible a los ojos humanos; no obstante, su presencia acompaña siempre al cristiano (Salmo 139:7). ¿Cuáles son algunos de los nombres con que se le conoce al Espíritu Santo?

Juan 14:26

_____

Juan 16:13-15

_____

Dios envió al Espíritu Santo para que Cristo sea conocido y su verdad revelada a los creyentes (Juan 14:26). Por tanto, el Espíritu Santo no busca la atención de los creyentes hacia sí mismo sino que miren e imiten a Jesús (1 Corintios 12:3).

2 |El Espíritu Santo está activo en la salvación

Desde la antigüedad el Espíritu Santo inspiró a hombres santos a escribir para que la Biblia llegara hasta nosotros hoy. Él es quien hace que esa Palabra te hable, te corrija, te consuele, te enseñe y que se aplique a tu necesidad.

Antes de nacer de nuevo, el Espíritu Santo nos muestra de muchas maneras la condición de pecadores en que nos encontramos. ¿Qué dice al respecto Juan 16:7-11?

_____

_____

Al momento de ser perdonados y recibir a Cristo, ¿Quién nos hace nuevas criaturas según Juan 3:6 y Tito 3:5?

_____

_____

De acuerdo a 1 Corintios 6:19, ¿dónde mora el Espíritu Santo?

_____

_____

¿Qué seguridad pone el Espíritu Santo en el corazón de aquellos que han sido personados por Dios de sus pecados? Romanos 8:16

¿Qué otras obras opera el Espíritu Santo en la salvación de sus hijos?

Juan 16:13

Hechos 1:8

Hechos 8:29

Hechos 15:9

Romanos 8:26 y Judas 20

1 Corintios 12: 4-11

Para que el Espíritu Santo pueda formarte a la imagen de Jesucristo debes permitirle actuar en todas las áreas de tu vida.

3 | El Espíritu Santo llena tu vida

Ser lleno del espíritu Santo es estar lleno del Espíritu de Cristo. Es por eso que la persona llena del Espíritu puede caminar en pureza de vida así como Cristo vivió en este mundo y la sangre de Cristo le limpia de pecado y le mantiene limpio de pecado cada día.

Cuando recibimos a Jesucristo como nuestro Salvador, el Espíritu Santo comienza a vivir en nuestro corazón también. Dios perdonó tus pecados y lo hizo para que vivas una vida sin pecado; una vida santa, dependiendo de Dios y experimentando sus enormes riquezas espirituales (Efesios 3:14-21). Sin embargo, a pesar de que has recibido nueva vida, todavía Cristo no tiene el "control de toda tu vida". Cristo no puede vivir y obrar en completa libertad en la vida de un cristiano que no ha sido plenamente lleno de su Espíritu.

Luego de leer los versículos que se indican abajo señala cuáles de las siguientes características has notado en tu propia vida:

Mateo 16:23 _ Lucha entre tu voluntad y la de Dios.

Lucas 22:24 _ Egoísmo y orgullo.

Juan 18:25 _ Cobardía.

Romanos 7:8 _ Codicia.

1 Corintios 3:3 _ Envidia, división, falta de amor.

Gálatas 5:17 _ Luchas internas.

En 1 Corintios 3:1-4 Pablo se refiere a los cristianos que tienen estas actitudes como "carnales", queriendo expresar de esta forma que sus vidas no son controladas por el Espíritu Santo sino por su propia voluntad humana, también llamada "yo" o "ego".

Esta voluntad humana que no se ha sujetado al Espíritu Santo con frecuencia se rebela a obedecer a Dios en algunas áreas de tu vida. Este "yo" es quien finalmente decide en qué aspectos has de obedecer a Dios y en cuáles te reservas el derecho de escoger qué hacer.

Ningún hijo de Dios debe permanecer indefinidamente en este desacuerdo, pues comete pecado cada vez que escoge obedecer a su voluntad antes que a la de Dios. Éste se siente cada vez más confundido y fracasado, tratando de obedecer perfectamente a Dios apoyado en sus propias fuerzas. Este cristiano es semejante a un hombre que vive sobre un pozo de petróleo, pero prefiere vivir en la pobreza a ser multimillonario.

En el siguiente gráfico verás representada la vida de un cristiano carnal. La vida del creyente es el automóvil. Si este automóvil representara tu vida ahora ¿quién iría al volante?

Luego de leer 1 Tesalonicenses 5:23-24, responde: ¿Le agrada a Dios que tu vivas así?

Sí _____   No _____

Pero cuando permites al Espíritu Santo llenar tu vida ocurre lo siguiente:

Quién conduce esta vida ahora? ¿Qué lugar ocupa el "yo" en esta vida llena del Espíritu de Dios?

4 | ¿Cómo puedes ser lleno del Espíritu Santo?

Así como el perdón de tus pecados se recibe gratuitamente por fe en Jesús, también esta segunda obra de limpieza profunda de tu naturaleza pecaminosa ha sido lograda para ti en la cruz (Efesios 5:25-27). No la recibirás por merecerla o desearla.

Al ser lleno del Espíritu serás capacitado para vivir una vida santa en toda su plenitud, y luego podrás compartir esa vida al discipular a otros, produciendo los frutos en abundancia que Dios espera de ti. Pero debes preparar primero tu corazón para recibirle. Para ello responde con sinceridad estas preguntas:

- ¿Deseas con todo tu corazón agradar a Dios en todos tus pensamientos, deseos, palabras y acciones?

- ¿Estás de acuerdo en entregar el control completo y absoluto de tu vida al Señor?

- ¿Hay pecados en tu vida que aún no han sido confesados a Dios y que necesitan ser perdonados por Él?

- ¿Has consagrado tu vida al Señor? ¿Le entregaste todo tu ser a él para que pueda lograr todos sus propósitos en tu vida?

Según Efesios 5:18, el mandamiento de Dios para todos sus hijos es que sean llenos del Espíritu.

¿Qué debes hacer para recibir la llenura del Espíritu Santo en tu vida? Lucas 11:13

_____

_____

¿Quieres ser lleno del Espíritu Santo ahora?

Sí _____   No _____   Aun no comprendo _____

Si tu respuesta es sí, puedes hacer una oración como esta:

Padre celestial, gracias por hacerme tu hijo o hija y darme una nueva vida en Cristo. Me abro delante de Ti hoy para que examines mi corazón y quites de mí todo lo que no te agrade. Límpiame con tu Espíritu y lléname de tu amor. Me consagro a ti y te entrego el control total de todo mi ser, para vivir bajo tu señorío en cada momento, en cada relación y en todo lugar.

Dame de tu poder para testificarle a otros de tu amor.

Recibo esta obra por fe y me comprometo a seguir creciendo en tus caminos. Amén.

5 | Luego de ser lleno del Espíritu Santo

• Pídele al Espíritu Santo que te dé testimonio de su obra santificadora en tu vida (Romanos 8:16).

• Sigue creciendo en Jesús por todos los medios que tienes a tu alcance, y cultivando así el fruto del Espíritu en tu vida (Gálatas 5: 22-23).

• Comparte con otros las buenas nuevas de salvación y lo que el Espíritu Santo ha hecho en tu vida purificando tu corazón.

• Deja que el Señor te use en su iglesia según los dones espirituales que Él te ha dado.

• Continúa en una búsqueda constante para conocerle y obedecerle más y más a Él.

Lo que aprendiste de este estudio

_____

_____

_____

_____

_____

_____

_____

Poniendo en práctica

1. Reflexiona en lo siguiente, luego de leer los pasajes indicados:

¿Qué significa ser lleno del Espíritu Santo según Romanos 6:1-6?

¿Cómo se muestra en la vida del cristiano la llenura del Espíritu según Gálatas 5:16-26?

2. Luego de orar pidiendo la dirección del Espíritu Santo escribe una lista en respuesta a las siguientes preguntas:

¿Cómo puedo mostrar a mi familia y a mis hermanos en Cristo el amor perfecto que Dios ha puesto en mi corazón? (Apunta la fecha en la que harás cada cosa).

¿Hay en mi vida hábitos que no son compatibles con la manera cristiana de vivir? ¿Hay en mi vida relaciones afectivas no resueltas?

Séptima Sesión

¡Sé un discipulador de Jesús!

Esta lección

... te ayudará a comprender que el llamado de Jesús de hacer discípulos es para todos los cristianos.

... te guiará a tomar la decisión de ser un fiel discípulo de Cristo para el resto de tu vida.

... te enseñará a aprovechar las oportunidades para compartir de Cristo con otras personas.

... te desafiará a tomar la decisión de ser un discipulador de otros.

Para memorizar

> "... haced discípulos a todas las naciones,
> bautizándolos en el nombre del Padre,
> y del Hijo, y del Espíritu Santo..."
> Mateo 28:19

1 | La responsabilidad de hacer discípulos

La misión de toda iglesia es de hacer discípulos. Según Mateo 28: 18-20, ¿cuál fue el último mandamiento de Jesús a sus discípulos antes de ascender a los cielos?

Si examinas tu vida a la luz de la siguiente lista, ¿Cuáles requisitos llenas para ser un discipulador?

_____ Tengo una nueva vida en Cristo.

_____ Estoy creciendo en mi conocimiento de las Escrituras.

_____ Amo a Dios con todo mi corazón.

_____ Amo a las personas que necesitan a Jesús y siento compasión por ellas.

_____ Deseo guiar a otras personas a conocer a Jesús.

_____ Estoy aprendiendo para ayudar a otros a ser discípulos de Jesús.

_____ Deseo unirme a la membresía de la Iglesia del nazareno.

_____ Estoy dispuesto a trabajar bajo la autoridad de los líderes de mi iglesia del Nazareno.

¿Qué promesa encuentras para ti en Mateo 4:19?

_____

_____

_____

_____

2 |El costo de ser discípulo de Jesús

A pesar de que has recibido el perdón de tus pecados, necesitas decidir conscientemente ser discípulo de Jesús para el resto de tu vida. Esto es precisamente lo que Dios desea para ti. Pero ser discípulo de Jesús –un aprendiz permanente de Él en todo- requiere un costo, un compromiso mayor.

Según Mateo 16:24, ¿cuáles son los tres pasos que Jesús le exige a aquellos que quieran "venir en pos" de Él o ser sus discípulos?

1._____

2._____

3._____

Otros requisitos mínimos que Jesús les requiere a sus discípulos, según los siguientes dos versículos son:

Lucas 14:26

_____

_____

Lucas 14:33

_____

_____

Es importante entender que la palabra "aborrecer" aquí no significa odiar o rechazar, sino que es equivalente a "amar menos". Implica amar menos a nuestros familiares y aun nuestra propia vida porque Jesús es nuestro amor supremo, incomparable a nuestros otros amores.

3 |La formación de un discípulo

Luego de haber asumido el costo de la renuncia para ser discípulo de Jesús, sigue un proceso de formación continua. El discípulo es formado por medio de sus experiencias, conocimientos, hábitos, compartiendo su fe con otros; en resumen, por medio de una vida de obediencia que da frutos abundantes.

Miremos de cerca algunas de éstas:

a. Conoce a Jesucristo

¿Se puede presentar correctamente a alguien a quién no se conoce?

_____

¿Cómo se conoce a una persona?

_____

_____

_____

¿Qué ocurre con las personas que crecen en el conocimiento de la palabra de Dios cada día, según el Salmo 119:11 y Lucas 8:15?

_____

_____

_____

Un buen discipulador es una persona que crece cada día en el conocimiento de Jesús.

b. Sé un intercesor

¿Influye en algo tu oración para que otras personas conozcan a Jesús, según 1 Timoteo 2:1-4?

_____

_____

Un buen discipulador es un cristiano que ama a otras personas y está dispuesto a pasar tiempo en oración por cada uno de ellos.

c. Disciplina tu vida.

¿Qué relación hay entre conocer a Jesús y obedecerlo, según Juan 15:14?

_____

_____

Una de las claves para dar frutos en la vida cristiana es ser constante en la obediencia al Señor. A continuación encontrarás una lista de disciplinas del cristiano que requieren perseverancia. Señala aquellas en que necesitas esforzarte más:

_____ Pasar tiempo a solas con Dios cada día.

_____ Práticar el compañerismo cristiano.

_____ Memorizar versículos de las Escrituras.

_____ Leer libros y revistas que me ayuden a crecer como discípulo de Jesús.

_____ Participar en los ministerios de la iglesia.

_____ Asistir a los cultos y actividades de mi iglesia.

_____ Ofrendar y diezmar con regularidad.

_____ Practicar la compasión.

_____ Someterme a los líderes de la iglesia.

Los mejores discipuladores son aquellos que ofrecen a sus discípulos un modelo de vida cristiana digna de imitar.

d. Al compartir con otros, sigue el modelo bíblico

Desde los comienzos de la iglesia cristiana las "buenas nuevas" de salvación han sido transmitidas por medio de personas que relataban a otros su experiencia de vida nueva con Cristo, ya sea por medio de sus palabras o su estilo de vida.

Así que, es importante que puedas compartir tu testimonio personal con otros, pues serás parte de la cadena de aquellos discípulos fieles de todas las edades. Al compartir con otros, sigue el modelo bíblico:

√ ¿Qué nos pide Jesús en Juan 13:15?

_____

_____

Según Mateo 9:9-13, siguiendo el ejemplo de Jesús, ¿por qué es importante que continúes relacionándote con aquellos que aún no le conocen?

_____

_____

_____

√ ¿Qué ejemplo dio el apóstol Pablo en 1 Corintios 11:1? Y ¿la iglesia de Tesalónica en 1 Tesalonicenses 1:7?

_____

_____

_____

Siguiendo el consejo de Pablo en 1 Corintios 9:18-22, ¿cuál debe ser tu disposición para alcanzar a aquéllos que no conocen a Cristo?

_____

_____

⟍ Dar tu testimonio personal a otros. Aquí queremos enfatizar tu testimonio verbal de lo que Dios ha hecho en tu vida. A continuación, por medio de un ejercicio, te sugerimos algunas pautas generales para compartir tu testimonio personal con otros:

Escribe en una hoja aparte tu testimonio personal usando la siguiente guía de preguntas:

1) ¿Cómo era tu vida antes de conocer a Jesús?

2) ¿Cuál es la necesidad que Jesús satisfizo en tu vida? Puede ser: falta de amor, soledad, sentimiento de culpa, necesidad de ser perdonado u otro.

3) ¿Cómo recibiste nueva vida en Cristo?

4) ¿Cómo ha cambiado tu vida ahora que Jesús vive en tu corazón?

El testimonio personal es la llave que despierta el interés en las personas para que deseen oír más de Cristo. (Puedes leer el ejemplo del testimonio personal de Pablo en Hechos 26: 1-23).

⟍ Orar por otros para que lleguen a ser discípulos de Jesús. Es importante orar y esperar el momento propicio para hablar de Jesús. Recuerda que es el Espíritu Santo quien prepara el corazón de las personas para que quieran oír la Palabra de Dios. Completa el cuadro de la siguiente página con los datos de aquellas personas a las que deseas guiar a Jesús.

Ora diariamente por estas personas, sírveles en sus necesidades, sé ejemplo a ellas para que vean tu vida transformada por Dios, prepárate para cuando se presente la ocasión adecuada para compartir tu testimonio y ayúdales a recibir nueva vida en Cristo.

Nombre	Edad	Relación o parentesco	Necesidad especial

✓ Estar dispuesto a seguir creciendo y a recibir capacitación por medio de la iglesia para discipular a otros en un futuro cercano.

Lo que aprendiste de este estudio

Poniendo en práctica

1. Según leemos en Ezequiel 33:8-9; Proverbios 24:11-12 ¿Son válidas para Dios las excusas de sus hijos que no quieren hablar a otros de Cristo?

2. Según Mateo 25: 41-426 y Juan 3:17-18, ¿hay esperanza para aquellos que mueren sin haber nacido a la nueva vida en Cristo?

3. Luego de leer y reflexionar en Juan 3:14-16 y Romanos 10:14-15, responde: ¿Es correcto afirmar que la voluntad de Dios es que TODOS sus hijos anuncien al mundo que hay esperanza en Jesús? ¿Aceptas este compromiso? Entonces, díselo a Dios en oración y comunícaselo a tu pastor y líderes de la iglesia.

¿Y ahora qué?

Al completar esta serie de lecciones de tu discipulado básico, esperamos que hayas crecido en tu fe y compromiso con Cristo. Ten cuidado especial de continuar apartando tiempo diario para el compañerismo con Dios y el estudio de su Palabra. Es importante que hayas tomado la decisión de ser un fiel discípulo de Jesús y discipulador, y que continúes tu aprendizaje por el resto de tu vida.

Ahora necesitas continuar en tu crecimiento espiritual tomando la decisión de ser miembro de la Iglesia del Nazareno, que te ha estado nutriendo durante todo este tiempo con tanto amor. En ella encontrarás ayuda para crecer en la vida llena del Espíritu, y serás capacitado en el ministerio que Dios tiene para ti. Habrá otras lecciones o estudios que te ayudarán a conocer las doctrinas y la organización de nuestra amada iglesia.

En una ocasión, Jesús instruyó a sus doce discípulos diciendo: "de gracia recibisteis, dad de gracia" (Mateo 10:8). Además, la misión de la iglesia, según Mateo 28:19-20, es hacer discípulos; por tanto, el dese de Dios es que tú también seas un discipulador. Esperamos que pronto puedas tomar esta decisión, colaborando en el ministerio de evangelismo y discipulado en tu iglesia local.

¡Sigue adelante el Él!

Guía para el discipulador

Preparación para la recepción de miembros y celebración de culminación del segundo nivel de discipulado etapa B.

Luego de transcurridas las 8 semanas, hay que preparar el culto de recepción de nuevos miembros en la familia de la iglesia local. También es importante celebrar una ceremonia de culminación de los estudios, que puede hacerse en el mismo culto o separadamente. (La celebración de culminación de estudios es muy importante en cada nivel/etapa de discipulado). Lo más recomendable es no retrasar más de 2 semanas el culto de recepción de miembros, para que los discípulos y discípulas que culminaron este libro puedan continuar al siguiente nivel de la etapa C con el libro *"La vida llena del Espíritu"*.

Entre la culminación de la séptima lección (semana 8) y el culto de recepción de miembros es recomendable organizar dos actividades:

1. Clase con el pastor o líder encargado de orientar a los candidatos a formar parte de la membresía de la Iglesia. Es importante orientar a los candidatos sobre los deberes y responsabilidades, así como los privilegios implicados en ser parte de la membresía de la iglesia local. Para esta clase se recomienda entregar copias con antelación de algunas secciones relevantes del Manual de la Iglesia del

Nazareno más actualizado. El Manual de la Iglesia del Nazareno 2018-2021 puede descargarse en: *nazarene.org/files/docs/gensec/ESManual2013-2017.pdf*

Las secciones que recomendamos estudiar con los candidatos y candidatas son aquellas que refieren a la Constitución de la Iglesia (Parte II), El pacto de conducta cristiana (Parte III), el Gobierno de la Iglesia Local (Parte IV, sección I) y la posición de la Iglesia del Nazareno frente a los Asuntos morales y sociales contemporáneos (Parte X, sección IV).

2. Una reunión con todos los discípulos y discípulas para tener un tiempo de compañerismo y preparación o ensayo para participar en la ceremonia.

Oramos para que el Señor bendiga en gran manera su vida mientras emprende esta preciosa aventura de fe juntamente con su nuevo hermano o hermana en Cristo, y que ambos puedan crecer en experiencia, conocimiento y compromiso con el Señor Jesucristo y su Iglesia.

LO QUE CREEMOS LOS NAZARENOS

Mónica E. Mastronardi de Fernández

Introducción ▮▮▮▮▮

Hoy en día las personas son bombardeadas en los medios de comunicación; en la literatura; en la música y hasta en los centros educativos con ideas como estas:

1. *"No permitas que nadie te diga cuales son los límites para lo que puedas hacer o dejar de hacer"*, o puesto en otros términos: No permitas que Dios te diga como debes vivir.

2. *"Es bueno creer en algún dios, siempre y cuando esa fe te ayude a ser una persona exitosa"*, que equivale a decir: Escoge un dios a tu imagen y semejanza y hazlo tu sirviente.

3. *"Todo lo que tienes y lo que has llegado a ser en la vida es debido a tu propio esfuerzo y talento personal"*, o sea: Nada has recibido de Dios, nada le debes, de manera que no necesitas a Dios en tu vida.

4. *"Lo bueno es lo que te hace sentir bien"*. *En otras palabras: "Tus sentidos son tu dios, vive para satisfacerlos y serás feliz".*

En realidad no hay nada de nuevo en estas ideas. Su origen se remonta al jardín del Edén. Satanás tentó a Eva por medio de la serpiente con la misma invitación: ¡Satisface tus caprichos y deseos; haz tu propia voluntad. Ignora la voluntad del Creador que nada malo ocurrirá (Gn. 3: 1-6)!

Desde aquel entonces hasta nuestros días hay quienes prefieren construir un dios a la medida de sus preferencias en lugar de construir sus vidas en obediencia a la perfecta voluntad de Dios revelada en su Hijo Jesucristo y en su Palabra (1 Ti. 3:9).

La Iglesia cristiana, desde sus orígenes, ha combatido ideas engañosas como las mencionadas, que trataban de infiltrarse en las congregaciones, por medio de la enseñanza constante y responsable de la verdad revelada por Dios o sana doctrina (Tit. 1:1; 2 Ti. 4:1-5).

Con el paso del tiempo se hizo más y más necesario en la historia de la iglesia confeccionar listados de las creencias fundamentales o "credo", con el fin de contrarrestar las enseñanzas contrarias a la Palabra de Dios.

La Iglesia del Nazareno, al igual que otras iglesias cristianas, ha compilado un listado de las doctrinas bíblicas fundamentales o artículos de fe que exponen en forma resumida y ordenada las principales enseñanzas de la Palabra. Estas doctrinas ayudan a identificar con mayor facilidad aquellas creencias que no tienen fundamento en la verdad revelada en la Biblia.

Se espera que aquellos que van a ser recibidos como miembros en las iglesias del Nazareno, confiesen públicamente delante de la congregación que aceptan estos artículos de fe, y que se esforzarán por vivir conforme a la enseñanza de ellos.

Para la Iglesia del Nazareno es muy importante enseñar a sus miembros a vivir conforme a la voluntad de Dios. Pues ser un discípulo de Cristo no es simplemente cambiar de opinión sobre algunas cosas, sino vivir una vida nueva. Poco a poco el cristiano descubre que todas las cosas son hechas nuevas en su vida por medio de su estudio de la Palabra, la oración, la enseñanza recibida en la iglesia local y la obra del Espíritu Santo en su vida. A medida que su comprensión de las Escrituras aumenta, esta Palabra viva y poderosa va trasformando todo su ser. Como resultado descubre que tiene nuevas metas; nuevas actitudes; piensa diferente; tiene nuevos sentimientos; hace cosas que antes no hacía y ha dejado de hacer algunas cosas que antes hacía.

En lo que sigue de este libro se transcriben los 16 artículos de fe conforme aparecen en el Manual de la Iglesia del Nazareno, seguidos de un comentario explicativo con citas bíblicas de referencia y algunas aplicaciones para la vida del creyente y el ministerio de la iglesia local.

I. El Dios Trino

Creemos *en un solo Dios eternamente existente e infinito, Creador y Sustentador, Soberano del universo; que sólo Él es Dios, santo en naturaleza, atributos y propósito. El Dios, quien es amor santo y luz es trino en su ser esencial, revelado como Padre, Hijo y Espíritu Santo.*

1. <u>Dios es uno</u>. La Biblia revela la existencia de un único y verdadero Dios y condena todo intento del ser humano de levantar a cualquier otra cosa creada como su dios (1).

Puesto que hay un solo Dios, se engaña a sí mismo quien pone su vida y su destino en manos de otro dios (Dt. 32:37-38; Isaías 45:20; Jer. 10:5). Puede que este dios sea su propia persona, otro ser humano vivo o muerto (Hch. 14:8-14) algún animal o vegetal, algún elemento del cosmos (Dt. 4:19), algún ser espiritual (ángel o demonio) o la imagen que los representa (Jer. 16:20; 1 Co. 10:20; Ap. 22: 8-9).

Independientemente de quien sea ese dios, lo poderoso o milagroso que pudiera ser o lo que sea capaz de dar a quienes creen el él; nunca podrá igualar al único y verdadero Dios.

Todos estos dioses, ni siquiera merecen ser llamados "dios", pues solamente son dioses para aquellos que creen que lo son (Is. 46:2-7; Os. 9:10). En la Biblia se les llama también "ídolos", "imágenes", "dioses ajenos", "dioses extraños". Creer en ellos es idolatría y quien lo hace es llamado idólatra.

También se condenan otras formas de idolatría como ser: la avaricia (Ef. 5:5), la consulta a adivinos o brujos (2 Cr. 33:6; Nah. 3:4), el horóscopo (Jer. 10:2-3), la vanidad (Jer. 18:15), la oración, sacrificios y cánticos dirigidos a imágenes (Is. 44:17; Os. 14:3).

Por ello la importancia de este primer artículo que describe al único que es verdadero Dios, quien a diferencia de estos falsos dioses mencionados, es eterno, infinito, santo, soberano, creador y administrador de su creación, el origen y el destino final de todo lo que existe.

2. Dios es eterno e infinito. Eterno significa que su existencia no tiene principio ni fin. También es infinito, ya que el está siempre presente en todo lugar del universo (Jer. 23:23-24). Esto se debe a que Dios es Espíritu, o sea que no tiene un cuerpo material (Jn. 4:24). Por ello la Palabra afirma que Dios está siempre con sus hijos (Sal. 139:7).

3. Dios es Creador, Soberano y sustentador del universo. En su Palabra Dios se revela como el dueño y Señor de todo lo que existe (Dt. 6:4-5). Este es su derecho como Creador y sustentador de la vida (Gn. 1).

Toda la creación ha venido a existir por su voluntad y para cumplir sus propósitos santos. El ha creado los ciclos naturales que mantienen el orden en la creación como la gravedad, la fotosíntesis (o sea la transformación del anhídrido carbónico en oxígeno que realizan las plantas), el ciclo de purificación del agua (evaporación, condensación y lluvia), la rotación de la luna que regula las mareas oceánicas, los circuitos regulares de los vientos, entre otros. Dios no sólo es el origen de la vida sino quién hace que la vida continúe, sosteniéndola con su poder. Se podría decir que así como un automóvil depende del combustible para andar, de la misma forma el universo depende de Dios para continuar existiendo.

4. Dios es Santo en naturaleza, atributos y propósito. La Palabra afirma que Dios es santo y que esta santidad no es una más de sus cualidades, sino que constituye su carácter esencial (Lv. 19:2; Ex. 15:1; Sal. 22:3; Jn. 17:11). Esto significa que podemos llamarle Santo, de la misma manera que le llamamos Dios, porque "Santo es su nombre" (Is. 57:15; Lc. 1:49). ¿Qué quiere decir la Biblia cuando afirma que Dios es santo?

a) En primer lugar que Dios es santo expresa la idea de que está "separado o apartado" o sea que Él se eleva por encima de su creación como soberano en majestad y gloria. Su presencia emana poder, santidad y majestuosidad sublimes que provocan temor reverente a los seres humanos.

El Antiguo Testamento relata el testimonio de Isaías y Moisés a quienes se les permitió contemplar de lejos una visión de la gloria de Dios. La primer reacción del profeta Isaías ante la magnífica y sublime presencia del Señor fue de terror: "Ay de mi, que soy muerto..." exclamó cuando se sintió indigno de estar cara a cara delante de la santidad del Creador (Is. 6:3-5). Moisés le alabó luego de estar en su presencia diciendo: "¿Quién como tú, oh Jehová, entre los dioses? ¿Quién como tú, magnífico en santidad...?" (Ex. 15:11).

Reverencia y respeto hacia Dios debe ser la actitud constante en la vida del creyente y aun más cuando entra en la presencia de Dios, por medio de la oración, o cuando asiste al templo o lugar de reunión para adorar su nombre y aprender de su palabra. Dios es el santo soberano de cada momento de su vida.

b) En segundo lugar, la palabra santo describe su pureza, perfección y rectitud perfecta. Dios es puro en todas sus intenciones y en todas sus decisiones. Su plan para el ser humano es perfecto. Santidad es lo opuesto a maldad. Porque Él es santo no tolera la maldad y nada contaminado con el pecado puede relacionarse o estar cerca de Él. Es por eso que cuando Adán y Eva, desobedecieron a Dios, ya no pudieron estar en Su presencia sin sentirse avergonzados y temerosos.

Pero Dios aunque aborrece la maldad, ama al pecador porque Dios es amor. Por esta causa Él está constantemente buscando la manera de mostrar su amor por sus criaturas. Él ofrece su perdón sin límites a todo aquel que lo quiera (Jn. 3:16). Aún los peores delincuentes son objeto de su santo amor.

Él quiere salvar al ser humano, y quiere alejarlo del pecado, porque el pecado le conduce a la muerte y al sufrimiento eterno y Dios no desea eso para sus criaturas. Por el contrario El desea que sus hijos compartan su santidad (Is. 5:16; 6:1-7; 40:18-31).

5. <u>Dios es trino</u> La Biblia nos revela a Dios en tres personas distintas: Dios el Padre, Jesucristo su Hijo y el Santo Espíritu. Aunque son tres personas diferentes, todas son el mismo y único Dios.

No es fácil para el ser humano comprender esta santa relación entre el Padre, el Hijo y el Espíritu. Este es uno de los misterios donde la Palabra guarda silencio y que sólo puede ser aceptado por la fe.

Todos los seres humanos pueden conocer a las tres personas de la divinidad: experimentar el amor, el perdón y la aceptación del Padre; ser salvos gracias a su Hijo, Jesucristo y seguir su ejemplo perfecto para llegar a la vida eterna; y tener compañerismo con el Espíritu Santo, quien les ayuda a vivir cada día en la voluntad de Dios (Mt. 3:16-17; 28:19-20; Jn. 14:6-27; 1 Co. 8:6;2 ; 2 Co. 13:14; Gá. 4:4-6; Ef. 2:13-18).

II. Jesucristo

Creemos *en Jesucristo, la Segunda Persona de la Divina Trinidad; que Él es eternalmente uno con el Padre; que se encarnó por obra del Espíritu Santo y que nació de la virgen María, de manera que dos naturalezas enteras y perfectas, es decir, la deidad y la humanidad, fueron unidas en una persona, verdadero Dios y verdadero hombre, el Dios-hombre.*

Creemos *en que Jesucristo murió por nuestros pecados, y que ciertamente se levantó de entre los muertos y tomó otra vez su cuerpo, junto con todo lo perteneciente a la perfección de la naturaleza humana, con el cual ascendió al cielo y está allí intercediendo por nosotros.*

1. <u>La fe en Jesucristo es la creencia distintiva del cristianismo</u>. Pero no todos los grupos que se autodenominan cristianos aceptan al Cristo revelado en la Biblia. Por ejemplo: los Testigos de Jehová, no creen en la divinidad de Cristo; los mormones niegan que Jesucristo fuera concebido por el Espíritu Santo; los católico romanos, aunque creen en la divinidad de Cristo, ascienden a María a un lugar de intercesora que la Biblia no le ha dado, desviando la adoración de los creyentes de la persona

del único mediador entre Dios y los hombres: Jesucristo (Hch. 4:10-12; 1 Ti. 2:5-6).

Algunas personas creen que a Dios no le importa en que clase de Cristo o de Dios uno crea, siempre que sea una persona buena y que haga el bien. Pero esto no es verdad, puesto que Dios se ha tomado el trabajo de revelarse a sí mismo a los seres humanos, por medio de su Palabra y Su Palabra viviente: Jesucristo. El concepto que el creyente tenga de Dios y de Cristo se refleja en su forma de sentir, de pensar y de conducirse para con Dios, con sus semejantes y con su entorno. Este artículo responde a la pregunta: ¿Quién es y para que vino Jesucristo según la Palabra?

2. Jesucristo era uno con el Padre desde la eternidad. El apóstol Juan comienza su biografía de Jesús afirmando: "En el principio era el Verbo, y el Verbo era con Dios, y el Verbo era Dios" (Jn. 1:1) y continúa relatando en su evangelio como este mismo Verbo, el Hijo único de Dios, quien estuvo desde la eternidad al lado del Padre (2), había venido a nacer para convertirse en el único medio por el cuál los seres humanos pueden alcanzar la salvación eterna (Jn. 3:16).

En el Nuevo Testamento se afirma reiteradamente que Cristo es Dios y con frecuencia los autores hacen referencia a pasajes del Antiguo Testamento dónde a Dios se le llama "Señor" o en hebreo "Yahweh" (3). Pero a causa del segundo mandamiento (Ex. 20: 7) los judíos tenían temor de pronunciar este nombre tan sagrado por ello comenzaron a llamarle "el Señor" o en griego "kurios". Cuando los primeros cristianos (quienes tenían el Antiguo Testamento en griego) llamaban a Cristo "Señor", se referían claramente al mismo Dios (Hch. 2:21; Fil. 2:9).

Igualmente los profetas del Antiguo Testamento usaban "el Señor" para referirse al Mesías venidero, el Cordero que Dios enviaría como sacrificio perfecto por el pecado de toda la humanidad. Por ejemplo Isaías advierte: "Preparad el camino al Señor..." (40:3).

No hay lugar a dudas en el texto bíblico de que Jesucristo es Dios, que su vida no comenzó en el momento de ser concebido por el Espíritu Santo en la virgen María, sino que es Dios, miembro divino de la trinidad y que como tal, es digno de recibir adoración (Hch. 7:59-60; Apocalipsis 5:12-13) y de perdonar pecados (Mr. 2:5-10; Lc. 5:20-24; Hch. 5:31). Como Dios el posee las características exclusivas de la divinidad que se mencionan en el Artículo I.

3. Jesucristo el Dios hombre. Por medio de un milagro irrepetible en la historia humana, una joven escogida por Dios llamada María, concibió en su vientre aquel niño en quién se unían perfectamente dos naturalezas: la divina y la humana (Mt. 1:18-25; Lc. 1:26-38). Su nombre sería Jesús o sea el "Salvador". El Hijo de Dios aceptó voluntariamente dejar de lado por un tiempo algunos de los derechos que le corresponden por ser Dios y se rebajó tomando la forma de una de sus criaturas (Fil. 2: 5-8).

Los evangelios narran cómo estas dos naturalezas coexistían en Jesús naturalmente. Ninguna de estas naturalezas anuló a la otra. Como hombre, sufrió hambre, sed, cansancio, sueño, desilusión, dolor y experimentó la muerte. Como Dios, perdonó pecados, echó fuera demonios, detuvo la tempestad, conocía las intenciones del corazón de las personas (Col. 1:12-22). Como hombre fue tentado por Satanás quien procuró apartarlo de la misión para la cuál había venido (Mt. 4: 1-11; He. 4:15-16).

Negar la humanidad de Cristo resulta tan peligroso como negar su divinidad. Porque es en su humanidad que dejó ejemplo de cómo vivir conforme a la voluntad de Dios en medio de un mundo contaminado por el pecado (Hch. 2:22-36; 1 Jn. 1:1-3, 4:2-3; 15).

4. Jesucristo vivió, murió y resucitó. El nombre Jesucristo expresa la naturaleza única de su misión. Resulta de la unión de dos palabras: Jesús y Cristo. Cristo es el término griego para Mesías, palabra hebrea que señala al Señor, a Dios mismo viniendo a este mundo para salvar a sus criaturas del pecado y sus consecuencias (Mateo 16:15-16). Jesús, es el nombre del Dios encarnado, e indica al Salvador.

De manera que el nombre de nuestro Señor Jesucristo nos recuerda que El es el Señor (Dios mismo), quien vino para ser Jesús (el Salvador) y así liberar a su pueblo del dominio del pecado.

Jesucristo cumplió con todos los aspectos de esta misión encomendada por Dios el Padre para su primera venida:

a) Reveló la verdad acerca de Dios a los seres humanos *"Aquel que es la Palabra se hizo hombre y vivió entre nosotros, lleno de amor y de verdad"* (Jn. 1:14 VP).

b) Vivió en la verdad que enseñó, constituyéndose en modelo perfecto de vida santa para todas las generaciones de sus discípulos (Mt. 11:27; Jn. 1:18, 14:9; He. 1:1; 1 P. 2:19-25).

c) Murió para libertar a los seres humanos del dominio del pecado (Mr. 10:45). La justicia divina había dictaminado desde la creación la sentencia para todos aquellos que se contaminaran con el pecado: la muerte eterna y la separación perpetua de la presencia de Dios. Esta condena merecida por toda la humanidad sólo podía ser perdonada por el precio que exigía la justicia divina: el derramamiento de sangre inocente. Esta sangre santa no podía provenir de otro ser humano, ni de un animal, puesto que toda la creación estaba sujeta y manchada por la maldición del pecado. Dios era el único que podía proveer un Cordero santo y ese Cordero enviado fue Jesucristo (2 Co. 5:21).

d) Resucitó, o sea que su cuerpo muerto fue regenerado para vivir eternamente (Mt. 28:6-7; Hch. 10: 39-40). Al resucitar el Hijo de Dios retornó a su lugar junto al Padre para continuar sus funciones de Señor universal de la Creación, investido de las características de la divinidad a las que había renunciado voluntariamente (Ro. 8:32-34; Col. 3:1-3). Su resurrección puso fin al poder de la muerte y al dominio de Satanás sobre los seres humanos (2 Co. 5:14-15; Ap. 1:18). Al ascender a los cielos Jesucristo prometió regresar otra vez a buscar a todos sus discípulos de todas las generaciones para llevarlos a vivir eternamente con El (Jn. 14:1-3; 1 Ti. 6:14-16).

III. El Espíritu Santo

Creemos *en el Espíritu Santo, la Tercera Persona de la Divina Trinidad, que está siempre presente y eficazmente activo en la Iglesia de Cristo y juntamente con ella, convenciendo al mundo de pecado, regenerando a los que se arrepienten y creen, santificando a los creyentes y guiando a toda verdad la cual está en Jesucristo.*

1. El Espíritu Santo es una persona. Este artículo de fe declara conforme a la Biblia que el Espíritu Santo es una persona de la trinidad divina y como tal cumple un rol muy importante para la salvación del cristiano.

Hay quienes niegan que el Espíritu Santo sea una persona así como el Padre y el Hijo. Los Testigos de Jehová, por ejemplo, afirman que es una influencia o poder ejercidos por Dios mismo; los Mormones enseñan que es una sustancia etérea difundida a través del espacio. Algunos teólogos modernos dicen que es la conciencia individual. Las iglesias unitarias, por su parte, afirman que es un maestro que está dentro del creyente sustituyendo a la Biblia y que puede revelar verdades nuevas que Jesús no enseñó.

2. Convence de pecado. Sin la ayuda del Espíritu Santo ninguna persona sentiría dolor por los pecados cometidos. Por medio de la enseñanza, la predicación, el ejemplo y el servicio a las personas, la iglesia coopera con el Espíritu Santo en persuadir y convencer a los pecadores para que se arrepientan de sus pecados y comiencen a vivir como discípulos de Cristo (Jn. 16: 7-11; Ap. 22:17).

3. Regenera a los que se arrepienten. Regenerar significa dar nueva vida, hacer de nuevo. Quien se arrepiente de sus pecados; busca sinceramente el perdón de Dios y cree que la sangre de Cristo le limpia de todo pecado, nace a una nueva vida. Ya no vive más para satisfacer sus propios deseos egoístas, sino que vive para servir a Dios. Es el Espíritu Santo quien hace este milagro en el corazón de las personas poniendo en ellos el deseo de vivir lejos del pecado que antes los esclavizaba (Jn. 3:1-6; Ro. 8:9).

4. Guía al creyente a la verdad (Ro. 8:14). El Espíritu Santo viene a habitar en el nuevo creyente como guía en el proceso de crecimiento en la nueva vida en Cristo (Jn. 7:38-39; 1 Ts. 4:7-8; 1 Jn. 3:24; 4:13). Para cumplir con este propósito El se desempeña como: consejero (Jn. 14:26; 16:13); consolador (Jn. 14:16); fortalece al creyente (Hch. 9:31); le imparte el amor de Dios (Ef. 3:14-21; Ro. 5:3-5); le enseña (1 Co. 12:3); entre otros.

5. Santifica a los creyentes. Al crecer en el conocimiento de Dios el cristiano anhela vivir cada día más lejos de pecado y más cerca de Cristo. Es el Santo Espíritu quien purifica el corazón del creyente como respuesta a la rendición incondicional de todo su ser al servicio del Señor (Jn. 14:16-17; Hch. 16:8-9; 2 Ts. 2:13). Esta experiencia se explica en más detalle en los artículos V y X.

6. Guía a la Iglesia en su comisión de hacer discípulos de Cristo de todas las naciones (Mt. 28:18-20). La Iglesia debe ser sensible al Espíritu, buscando dirección para planificar la estrategia adecuada para hacer discípulos de Cristo en su contexto, por medio de la oración y el estudio constante de la Palabra (Hch. 9:31; 15:28).

IV. Las Sagradas Escrituras ▬▬▬

Creemos *en la inspiración plenaria de las Sagradas Escrituras, por las cuales aceptamos los 66 libros del Antiguo y Nuevo Testamentos dados por inspiración divina, revelando infaliblemente la voluntad de Dios respecto a nosotros en todo lo necesario para nuestra salvación, de manera que no se debe imponer como Artículo de Fe ninguna enseñanza que no esté en ellas.*

1. La Iglesia del Nazareno cree que toda la Biblia es la Palabra de Dios. Sus autores fueron "inspirados" por Dios, o sea, que fueron guiados por Dios mismo, a fin de proveer a la raza humana de suficiente información para que puedan vivir en obediencia al Creador. Dios ha provisto una guía segura para todo aquel que quiere vivir cada día en santidad siguiendo el ejemplo de Jesús (Lc. 14:44-47; 1 Co. 15:3-4; 2 Ti. 3:15-17; 2 P. 1:20-21).

Los autores bíblicos no fueron despojados de su personalidad, ni fueron indiferentes a la situación histórica que les rodeaba. Debido a que ellos comunicaron el mensaje que recibieron de Dios a la gente de su tiempo algunos no creen que el mensaje bíblico sea pertinente para la época actual. Pero aunque los tiempos cambian el pecado sigue siendo pecado y la voluntad de Dios para los seres humanos no cambia porque Dios es el mismo hoy, ayer y por los siglos. Los seres humanos pueden cambiar, pero la voluntad del Creador para los seres humanos nunca cambiará.

Pero aunque la verdad de Dios es una, no todas las iglesias cristianas aceptan su autoridad de la misma manera como única norma para su fe. Estas iglesias otorgan autoridad en materia de fe y conducta cristiana a otras fuentes como ser:

a   La experiencia individual y personal.

b. La experiencia colectiva o recogida por generaciones de creyentes.

c. Otras fuentes de autoridad como opiniones de líderes eclesiásticos o fundadores de una iglesia en particular.

Algunos ejemplos de ello son: la iglesia católica romana que considera la palabra de los papas de igual autoridad que la Biblia. Es por ello que aceptan doctrinas y prácticas que no pueden fundamentarse en el texto bíblico, como ser la existencia del purgatorio o la adoración de santos difuntos, entre otras. Lo mismo ocurre con grupos como los mormones o los Testigos de Jehová, quienes colocan las ideas o enseñanzas de sus fundadores en el mismo o mayor rango de autoridad que las Escrituras.

2. <u>La Iglesia del Nazareno acepta como inspirados por Dios los 66 libros que son aceptados por las demás iglesias protestantes.</u> La iglesia católica romana incorpora otros libros llamados "apócrifos" que significa no inspirados.

V. El pecado original y personal

Creemos *que el pecado entró en el mundo por la desobediencia de nuestros primeros padres, y la muerte por el pecado. Creemos que el pecado es de dos clases: pecado original o depravación y pecado actual o personal.*

a) **Creemos** *que el pecado original, o depravación, es aquella corrupción de la naturaleza de toda la descendencia de Adán, razón por la cuál todo ser humano está muy apartado de la justicia original, o estado de pureza, de nuestros primeros padres al tiempo de su creación, es adverso a Dios, no tiene vida espiritual, está inclinado al mal y esto de continuo. Además, creemos que el pecado original continúa existiendo en la nueva vida del regenerado, hasta ser desarraigado por el bautismo del Espíritu Santo.*

b) **Creemos** *que el pecado original difiere del pecado actual, por cuanto constituye una propensión heredada al pecado actual de la que nadie es responsable, sino hasta que el remedio provisto haya sido menospreciado o rechazado.*

c) **Creemos** *que el pecado actual o personal es la violación voluntaria de una ley conocida de Dios, cometida por una persona moralmente responsable. Por tanto, no debe ser confundido con las fallas involuntarias o inevitables, debilidades, faltas, errores, fracasos u otras desviaciones de una norma de conducta perfecta, los cuáles son residuos de la caída. Sin embargo, tales efectos inocentes no incluyen actitudes o respuestas contrarias al Espíritu de Cristo, las que pueden llamarse propiamente pecados del espíritu. Creemos que el pecado personal es primordial y esencialmente una violación de la ley del amor; y que en relación con Cristo, el pecado puede definirse como incredulidad.*

1. El pecado original. Todos los seres humanos comparten una herencia común, que consiste en un deseo o inclinación hacia el mal (el mal es lo opuesto a la voluntad de Dios). Todo ser humano nace contaminado por el pecado de Adán y Eva, sus primeros padres (Gn. 2:16-17; Sal. 51:5). La Biblia enseña que el pecado es como una enfermedad letal, que va consumiendo al ser humano causándole no sólo la muerte física, sino también la muerte espiritual (Ro. 5:12).

Al entrar el pecado en la raza humana, la pureza original que Dios había impartido al hombre y la mujer cuando les hizo a su imagen y semejanza, se quebró. Esto podemos entenderlo mejor si comparamos a Adán y Eva con unos espejos que reflejaban en su vida la perfección divina. El pecado fue la piedra que quebró estos espejos, dejando tan sólo pedazos o vestigios de aquella "imagen de Dios" que se les había otorgado. Es debido a que esta imagen no se ha perdido completamente, que las personas sin Cristo pueden hacen algunas cosas buenas, como ser: amar, perdonar, sentir compasión, ayudar al que sufre, hacer obras de caridad, entre otros.

La conciencia individual es otro aspecto de la imagen de Dios que a veces funciona como freno a esta tendencia a hacer lo malo. Esta conciencia, aunque contaminada con el pecado original, en ocasiones alerta a las personas y les acusa de sus malas acciones. Pero el ser humano que quiere continuar haciendo lo malo puede ignorar y minimizar esta voz interior hasta acallarla por completo.

Junto a estos vestigios de la pureza original heredados del Creador, coexiste la tendencia a hacer lo malo heredada de nuestros padres humanos (Mr. 7:21-23). De manera que no es verdad, como afirman algunos, que el ser humano es esencialmente bueno y que el pecado se aprende del medio ambiente sociocultural (1 Jn. 1:7-8). Esto es evidente al observar el comportamiento de un niño pequeño. ¿Quién enseñó al bebé a llorar y chillar para que sus padres hagan lo que él quiere? ¿Quién enseña a los niños a desobedecer? ¿Porqué los pequeños esconden la verdad a sus padres cuando saben que han hecho algo indebido?

Aunque el ser humano no es responsable de esta naturaleza pecaminosa, sí es responsable de buscar una solución para ser libre de ella, pues de otra manera está irremediablemente perdido. En su Palabra Dios afirma que el ser humano por más que se esfuerce no puede liberarse de esta naturaleza.

La única salida a esta condición sólo puede ser provista por el Creador (1 Co. 15:22) quien quiere restaurar en nosotros esa imagen de pureza original impartiéndonos su santidad.

En los artículos VI y X se explica en más detalle el remedio que Dios ha provisto en Cristo Jesús para este problema.

2. El pecado personal. Pecado es todo aquello que una persona piensa, dice o hace voluntariamente y que es contrario a la voluntad de Dios. El pecado es malo porque ofende la santidad de Dios, levanta una barrera entre el ser humano y su Creador y le aleja del plan perfecto de Dios para su vida aquí y en la eternidad.

Cuando una persona hace algo que es contrario a los deseos de Dios, generalmente se dice que es "mala" o que "obró mal", debido a que cometió una mala acción, escogiendo libremente hacer lo malo en lugar de hacer lo que sabe que es correcto (Mt. 22: 36-40 compárese con 1 Jn. 3:4). Pero para Dios el pecado personal, no son sólo las malas acciones, sino que incluye todos aquellos procesos internos del corazón y la mente que precedieron a esas acciones pecaminosas.

Si un vendedor cobra un kilo de pan sabiendo que su balanza está mala y el peso real son 850 gramos, él está engañando y robando. Esas son las acciones que resultan de sus motivos internos y ocultos. Estos salen a la luz si se examina su comportamiento a la luz de unas sencillas preguntas: ¿Por qué está engañando y robando? ¿Cuál es el propósito que persigue con ello? ¿Qué beneficio personal está buscando? Puede que la respuesta sea avaricia o ambición desmedida. La avaricia y la ambición desmedida también es pecado a los ojos de Dios.

Es por eso que la Palabra califica como pecado personal lo siguiente:

a) Los malos deseos, como desear lo que no nos pertenece, ambición de poder, de prestigio, entre otros.

b) Los malos sentimientos, como el odio, la envidia, la amargura, la avaricia.

c) Las malas actitudes, como tratar mal a las personas, discriminar a las personas por su raza, sexo, edad, religión o cualquier otro motivo, entre otros.

d) Los malos pensamientos, como pensar mal de una

persona sin razón evidente; pensamientos lujuriosos; los celos, entre otros.

e) Las palabras malas, como la mentira, los insultos, el vocabulario obsceno, hacer burla de Dios y de su Palabra; entre otros.

f) Las acciones malas.

Todas las personas que viven y han vivido en este planeta han cometido algunos de estos pecados (Ro. 3:10).

Toda la humanidad estaría irremediablemente perdida de no ser por el remedio provisto por Dios: Jesucristo, quien vivió sin pecado y ocupó el lugar en la cruz que pertenecía a cada uno de los pecadores de este mundo (Ro. 3:23). Esto se expone el artículo VI y IX.

VI. La expiación

Creemos *que Jesucristo, por sus sufrimientos, por el derramamiento de su preciosa sangre, y por su muerte en la cruz, hizo una expiación plena por todo el pecado de la humanidad, y que esta expiación es la única base de la salvación y que es suficiente para todo individuo de la raza de Adán. La expiación es misericordiosamente eficaz para la salvación de aquellos incapaces de responsabilidad moral y para los niños en su inocencia, pero para los que llegan a la edad de responsabilidad, es eficaz para su salvación solamente cuando se arrepienten y creen.*

1. Salvación disponible para todos. La salvación ofrecida por Dios por medio de su Hijo Jesucristo es para todos aquellos seres humanos que crean en Jesucristo y le sigan (Jn. 3:16). La salvación es un regalo que Dios ofrece por su gracia o sea por su gran amor. Este amor no se puede comprar, ganar o merecer. La gracia de Dios es un regalo ofrecido por Dios para todo se humano.

2. Expiación. La palabra "expiación" expresa la acción misericordiosa de Dios cuando perdona al pecador arrepentido, borrando de su vida todos los pecados cometidos, trasladando en Cristo el castigo que éstos pecados merecían (Is. 53:5, 6, 11; Mr. 10:45; Ro. 6:21-23; Gá. 1:3-4; 3:13-14; 1 Ti. 2:3-6; He. 2:9; 1 Jn. 2:1-2). En algunas traducciones de la Biblia se reemplaza el término "expiación" por "propiciación" que tiene el mismo significado (Ro. 3:21-26). En ese mismo momento la persona

queda libre de la culpa de sus pecados y recupera su relación de compañerismo con el Santo Creador (1 Co. 6:20; 2 Co. 5:14-21; Col. 1:19-23).

Para el judío del Antiguo y Nuevo Testamento era clara esta idea de expiar la culpa traspasando el pecado personal a un ser inocente. En el sistema de sacrificios del culto hebreo, todas las personas arrepentidas traían al sacerdote un cordero sin defecto para que fuera sacrificado en su lugar. Pero la sangre de estos animales no podía borrar la ofensa del pecado de los seres humanos. Estos tan sólo anticipaban que Dios, en el tiempo señalado por Él, enviaría al Cordero perfecto, Jesucristo, para entregarse en sacrificio por el pecado de toda la humanidad (Jn. 1:29; Jn. 3:17; Ro. 5:6-21; 1 P. 1:18-21).

3. Los inocentes. ¿A quienes libera Dios de la culpabilidad por el pecado? La Biblia declara que Dios no tendrá por inocente al culpable (Nahum 1:3). También lo opuesto es verdad: Dios no tendrá por culpable al inocente. Entre estos inocentes (o personas que no son culpadas por el mal que hubieren cometido) se encuentran los niños pequeños (Mt. 18:3; 19:14); las personas dementes o con enfermedades que les impidan diferenciar lo bueno de lo malo.

VII. La gracia preveniente

Creemos *que la creación de la raza humana a la imagen de Dios, incluyó la capacidad de escoger entre el bien y el mal y que, por tanto, los seres humanos fueron hechos moralmente responsables; que a través de la caída de Adán ellos se tornaron depravados, de tal modo que ahora no pueden, por sí mismos y por sus capacidades y obras, volver a la fe e invocar a Dios. Pero también creemos que la gracia de Dios, por medio de Jesucristo, se concede gratuitamente a todas las personas, capacitando, a todos los que quieran, para volverse del pecado, y para seguir las buenas obras agradables y aceptables ante Él.*

Creemos *que todas las personas, aunque posean la experiencia de la regeneración y de la entera santificación, pueden caer de la gracia y apostatar y, a menos que se arrepientan de sus pecados, se perderán eternamente y sin esperanza.*

1. La gracia divina es el favor gratuito de Dios hacia el ser humano. Es por la gracia de Dios y no por el esfuerzo personal

que se puede obtener el perdón divino de los pecados cometidos y ser limpio del pecado original (Ef. 2:2-9; Tit. 2:11 -14; 3:4-7).

2. <u>La gracia de Dios obra en las personas antes de que se arrepientan</u>. Jesucristo enseñó a sus discípulos que la influencia del Espíritu Santo en la vida de las personas comenzaría desde antes de ser salvas. El Espíritu ayuda al pecador atrayéndole a Cristo, convenciéndole de pecado e infundiéndole fe para que pueda depositar toda su confianza en el sacrificio del Señor a su favor (Jn. 16: 8-9). Es el Espíritu el que regenera al nuevo discípulo de Cristo, impartiéndole la vida de Cristo y acompañándole en toda su trayectoria, enseñándole a vivir conforme a la voluntad de Dios. El Espíritu Santo es quien administra la gracia divina. Este punto se explica en el artículo VIII.

3. <u>¿Cómo debe vivir la persona que ha sido perdonada para no perder su salvación?</u> La voluntad de Dios para todos sus hijos es que vivan santamente (1 P. 3:15). Un cristiano que permanece en costumbres pecaminosas o que comete pecado debe arrepentirse de lo contrario perderá su salvación y la vida eterna (Fil. 2:12; 1 Co. 9:27). La promesa de la vida eterna es para todos aquellos que perseveran como discípulos de Cristo hasta el fin de sus vidas (Ap. 2:10).

4. <u>Apostatar</u> significa abandonar la fe y volver a la vida de pecado, apartándose de Cristo y de la familia de Dios (la iglesia).

VIII. El arrepentimiento ▮▮▮

Creemos *que el arrepentimiento, que es un cambio sincero y completo de la mente respecto al pecado, con el reconocimiento de culpa personal y la separación voluntaria del pecado, se exige de todos los que por acción o propósito, han llegado a ser pecadores contra Dios. El Espíritu de Dios da a todos los que quieran arrepentirse la ayuda benigna de la contrición de corazón y la esperanza de misericordia, para que puedan creer a fin de recibir perdón y vida espiritual.*

1. <u>¿Qué es arrepentirse?</u> Arrepentirse es sentir dolor por los pecados cometidos, pedir perdón a Dios por haberle ofendido y cambiar de actitud tomando la decisión sincera de abandonar la vida pecaminosa y de comenzar a vivir una nueva vida con Dios (Lc. 13:3; Hch. 3:19; 1 Jn. 1:9).

2. <u>¿Qué debe hacer una persona que ya ha sido perdonada y vuelve a cometer pecado?</u> Cuando un discípulo de Cristo

peca, o sea que escoge hacer voluntariamente lo que sabe que es malo a los ojos de Dios, debe arrepentirse y pedir perdón por ello y si hubiere otras personas afectadas por su pecado, debe pedir perdón también a cada uno.

IX. La justificación, la regeneración y la adopción a la familia de Dios

Creemos *que la justificación es aquel acto benigno y judicial de Dios, por el cuál Él concede pleno perdón de toda culpa, la remisión completa de la pena por los pecados cometidos y la aceptación como justos de los que creen en Jesucristo y lo reciben como Salvador y Señor.*

Creemos *que la regeneración, o nuevo nacimiento, es aquella obra de gracia de Dios, por la cual la naturaleza moral del creyente arrepentido es vivificada espiritualmente y recibe una vida distintivamente espiritual, capaz de experimentar fe, amor y obediencia.*

Creemos *que la adopción es aquel acto benigno de Dios, por el cual el creyente justificado y regenerado se constituye en hijo de Dios.*

Creemos *que la justificación, la regeneración y la adopción son simultáneas en la experiencia de los que buscan a Dios y se obtienen por el requisito de la fe, precedida por el arrepentimiento y el Espíritu Santo da testimonio de esta obra y estado de gracia.*

1. Este artículo trata acerca de lo que hace Dios para restaurar al pecador arrepentido. A esta primera experiencia de reconciliación con Dios se le llama también primera obra de gracia, para distinguirla de la entera santificación, que se explica en el Artículo X.

2. La justificación. La justificación es el perdón completo de Dios por los pecados que la persona ha cometido hasta el momento de arrepentirse. Dios le concede la oportunidad de comenzar de nuevo, libre de la culpa de sus propios pecados. Estos pecados son borrados y Dios se olvida de ellos (Sal. 32:1; Mi. 7:19; Lc. 18:13-14; Ro. 5:1; He. 10:17). Luego, declara al pecador arrepentido "justo", liberándolo del castigo que su desobediencia merecía (Hch. 13:38-39; Gá. 2:16).

3. La regeneración. Todos los seres humanos han sido dotados de espíritu que es lo que sobrevive a la muerte

física. La Biblia afirma que el que vive en pecado está muerto espiritualmente porque está separado de Dios. De manera que, como afirma el apóstol Pablo, puede estar vivo para su familia y amigos pero está muerto para Dios. Su espíritu humano está destinado a la muerte eterna a no ser que sea "regenerado" o "vivificado" por Dios. Para que el espíritu pueda nacer de nuevo, primero debe "morir" y morir significa dejar atrás el pecado y comenzar a vivir la vida con Cristo (Ro. 6: 11-13; Ef. 2:1-10).

Cuando una persona es regenerada su vida cambia por completo. Pero no se trata sólo de un cambio exterior, como adquirir nuevos hábitos de conducta o dejar algunas cosas malas que antes hacía. Se trata de un cambio completo operado en el corazón de la persona que poco a poco va trasformando todo su ser. A esta experiencia se le llama también "conversión", porque la vida de la persona regenerada cambia de dirección. Antes su vida estaba centrada en sí mismo, pero ahora su vida está centrada en Cristo. Antes vivía para sí, ahora vive para Dios y le sirve con su vida (2 Co. 5:14-21).

Cuando una persona ha sido regenerada su trasformación es evidente a todos. Algunas personas quieren ser justificadas pero en el fondo no quieren ser regeneradas porque no quieren abandonar sus costumbres pasadas que le impiden vivir como discípulos de Cristo.

En las iglesias cristianas se puede encontrar en ocasiones personas que en lugar de estar convertidas, están "convencidas". Es fácil reconocerlas porque creen en Cristo y les gusta asistir a la iglesia, pero como el joven rico no están dispuestas a permitir que Cristo transforme todo su ser y toda su vida (Mt. 19:16-30). Otros buscan el perdón divino sólo para liberarse de la culpa que los atormenta, o para obtener algún favor de Dios (trabajo, sanidad u otro) pero no permiten al Señor que transforme todo su ser.

Dios regenera a todos aquellos que desean la nueva vida que Dios ofrece en Cristo.

4. La adopción. La adopción es el acto por el cuál Dios adopta a la persona regenerada haciéndole su hijo y miembro de su familia: la iglesia (Jn. 1:11-13; Ro. 8:15-17; Gá. 4:3-7; I Jn. 3:4-10). La persona regenerada puede llamar a Dios Padre y disfrutar del compañerismo con El Santo Dios. Ningún pecador puede tener esta relación cercana con Dios, ni llamarle Padre. El Espíritu Santo viene a vivir al corazón de la

persona regenerada y se comunica con su espíritu humano dándole la seguridad de que es un hijo de Dios (Ro. 8:16-17; He. 10:19-22).

X. La entera santificación, ▮▮▮▮▮▮ segunda obra de gracia

Creemos que la santificación es la obra de Dios por medio de la cual transforma a los creyentes a la semejanza de Cristo. Ésta es efectuada mediante la gracia de Dios por el Espíritu Santo en la santificación inicial, o regeneración (simultánea a la justificación), la entera santificación y la obra continua de perfeccionamiento del creyente por el Espíritu Santo, culminando en la glorificación, en la cual somos completamente conformados a la imagen del Hijo.

Creemos que la entera santificación es el acto de Dios, subsecuente a la regeneración, por el cual los creyentes son hechos libres del pecado original o depravación, y son llevados a un estado de entera devoción a Dios y a la santa obediencia de amor hecho perfecto.

Es efectuada por la llenura o el bautismo con el Espíritu Santo; y en una sola experiencia incluye la limpieza de pecado del corazón y la morada permanente y continua del Espíritu Santo, capacitando al creyente para la vida y el servicio.

La entera santificación es provista por la sangre de Jesús, efectuada instantáneamente por la gracia mediante la fe y precedida por la entera consagración. El Espíritu Santo da testimonio de esta obra y estado de gracia.

Esta experiencia se conoce también con varios nombres que representan sus diferentes fases, tales como "la perfección cristiana", "el amor perfecto", "la pureza de corazón", "la llenura o el bautismo con el Espíritu Santo", "la plenitud de la bendición" y "la santidad cristiana".

Creemos que hay una clara distinción entre el corazón puro y el carácter maduro. El primero se obtiene instantáneamente como resultado de la entera santificación; el segundo es resultado del crecimiento en la gracia.

Creemos que la gracia de la entera santificación incluye el impulso divino para crecer en gracia como discípulo semejante a Cristo. Sin embargo, este impulso se debe cultivar conscientemente, y se debe dar atención cuidadosa a los requisitos y procesos del desarrollo espiritual y mejoramiento de carácter y personalidad en semejanza a Cristo. Sin ese esfuerzo con tal propósito, el testimonio de uno puede debilitarse, y la gracia puede entorpecerse y finalmente perderse.

Al participar en los medios de gracia, especialmente en la comunión cristiana, en las disciplinas espirituales y en los sacramentos de la iglesia, los creyentes crecen en gracia y en amor sincero para con Dios y con el prójimo.

1. La voluntad de Dios es que el cristiano viva en pureza en esta vida. La Iglesia del Nazareno cree que sin la entera santificación es imposible vivir una vida santa y alcanzar la meta de la vida eterna (Jn. 17:9,17, 20). No todas las iglesias creen en el bautismo con el Espíritu Santo de la misma manera. Algunas por ejemplo, entienden que la santificación completa del cristiano sólo ocurre después de la muerte física.

Los nazarenos creemos que llega un momento en que el discípulo de Cristo comprende que necesita ser librado de esta condición pecaminosa que batalla en su interior contra su deseo de ser obediente en todo a su Señor. Esta condición pecaminosa le incita a buscar satisfacer sus propios motivos egoístas en lugar de buscar primero la voluntad de Dios. El cristiano que vive en esta lucha se siente culpable de estas malas inclinaciones de las cuáles no puede deshacerse (Sal. 51:7; Hch. 15:8-9; Ef. 5:25-27; 1 Jn. 1:7).

Este estado de insatisfacción consigo mismo en ocasiones le lleva a dudar de su experiencia de salvación. Satanás aprovecha su angustia para tentarle de muchas maneras a fin de apartarlo de Cristo.

Dios ha provisto la salida a este problema para todos aquellos que voluntariamente entreguen el control absoluto de su vida a Jesucristo (consagración) y le pidan con fe a Dios que purifique completamente su corazón, lo llene con su Santo Espíritu y tome el control completo de su ser (Ro. 12:1-2; 1 Ts. 5:23-24).

2. Los cambios que produce el Espíritu. Cuando el Espíritu Santo llena el ser del discípulo de Cristo, Dios derrama en él su santo amor. Este amor le impulsa más y más a una vida de servicio a Dios y a sus semejantes (Mt. 3:11-12; 2 Ts. 2: 13-14). Este cristiano puede apreciar algunos cambios importantes en su vida, como ser:

a. Mayor fortaleza para vencer las tentaciones (Fil. 4:13; 2Ti. 1:7).

b. Deseo ferviente de tener oportunidad de hablar a otros de Cristo (Jn. 15:26-27; Hch.1:8).

c. Valor para cumplir con el ministerio al cuál Dios le ha llamado (Hch. 4: 31; 6:8; 7:55-60).

d. Deseo de buscar más y más de Cristo, conocerle, obedecerle, buscar hacer su voluntad en todas las cosas de la vida, aún las más insignificantes (Ro. 8:26; Col. 1:10-12).

3. <u>¿Hay que esperar una señal externa para estar seguro de que se ha recibido la entera santificación?</u> La Iglesia del Nazareno no encuentra fundamento bíblico para creer que se deba esperar una señal externa (como el hablar en lenguas o con sonidos incomprensibles) que evidencie que una persona ha sido llena del Espíritu Santo.

Cuando los discípulos en el día de Pentecostés hablaron en lenguas extranjeras -o sea idiomas y dialectos que no habían aprendido anteriormente-, estas tenían el propósito de poner el evangelio en palabras comprensibles a todos los oyentes. Este milagro facilitó la extensión del evangelio a muchas naciones y pueblos diferentes (Hch. 2:6-11). Este milagro se repitió en otras ocasiones en que el idioma era una barrera para hacer discípulos de Cristo (Hch. 10; 19).

En I Co. 12 y 13, Pablo menciona que en esta ciudad de Corintios había cristianos que hablaban en diferentes idiomas y otros que servían a Dios haciendo de traductores o intérpretes, para que el evangelio fuera predicado y enseñado. Este se consideraba un don espiritual (la palabra griega que usa Pablo es "charisma"). Pero en el capítulo 14, Pablo menciona que en esta iglesia algunos hablaban en la congregación un idioma que nadie entendía, pero a este no lo califica como un don espiritual, ya que puesto que nadie podía interpretarlo no servía para edificación de la iglesia, ni de la persona la cual no podía comprender lo que ella misma decía (1 Co. 14:12-19). Pablo no les anima a seguir practicando este tipo de lenguaje, por el contrario les anima a dedicarse a la predicación u otros dones espirituales, en lugar de ocuparse de algo que no producía crecimiento a la Iglesia (14: 1-11).

La única iglesia del Nuevo Testamento que practicaba este lenguaje extraño, es la de Corinto, una iglesia a la que Pablo recrimina por ser "carnal" (1 Co. 3:1-4). Un creyente carnal es aquel que antepone a la voluntad de Dios sus propios intereses egoístas. Estos creyentes no tenían el Espíritu de Cristo, no tenían amor aunque podían hacer mucho ruido (I Co. 13). También les llama "niños" a quienes insistían en hablar estas lenguas incomprensibles que en vez de atraer a otros a Cristo (como los idiomas que la gente comprendía) les daban a entender que los cristianos eran unos locos (14: 20-23) y les anima a dedicarse a la predicación y a todo lo que sea para edificación de la iglesia (14: 24-26).

Tampoco hay evidencia bíblica para fundamentar que los cristianos necesiten un lenguaje especial para la oración, como algunas iglesias practican (I Co. 14:13-16). La Biblia no menciona que Jesús practicara esto. Cuando los discípulos le piden a Jesús que les enseñe a orar el no menciona este tipo de lenguaje especial (Lc. 11:1-4). Por el contrario Jesús animó a sus seguidores a orar hablando con Dios como un hijo habla con su Padre (Lc. 11: 5-13).

4. <u>No debe confundirse pureza con madurez cristiana, aunque una precede a la otra.</u> Quien ha recibido la plenitud del Espíritu ha sido limpiado de la impureza del pecado por Dios con un propósito. Dios quiere reproducir en él la vida santa de Jesús. La purificación es instantánea, ocurre en un momento, pero el crecimiento hacia la madurez es progresivo. De manera que el cristiano nunca deja de ser perfeccionado. Ya sea antes o después de ser lleno del Espíritu Santo debe observar cambios positivos en diferentes aspectos de su vida. El cristiano enteramente santificado nunca deja de crecer y madurar reflejando más y más en su ser a Jesucristo (Fil. 3:12-15; 2 Co. 3:17-18).

XI. La Iglesia

Creemos en la Iglesia, la comunidad que confiesa a Jesucristo como Señor, el pueblo del pacto de Dios renovado en Cristo, el Cuerpo de Cristo llamado a ser uno por el Espíritu Santo mediante la Palabra.

Dios llama a la Iglesia a expresar su vida en la unidad y la comunión del Espíritu; en adoración por medio de la predicación de la Palabra de Dios, en la observancia de los sacramentos y el ministerio en su nombre; en la obediencia a Cristo, la vida santa y la mutua rendición de cuentas.

La misión de la Iglesia en el mundo es compartir la obra redentora y el ministerio reconciliador de Cristo en el poder del Espíritu, La Iglesia cumple su misión haciendo discípulos mediante el evangelismo, la educación, mostrando compasión, trabajando por la justicia y dando testimonio al reino de Dios.

La Iglesia es una realidad histórica que se organiza en formas culturalmente adaptadas; existe tanto como congregaciones locales y como cuerpo universal; aparta a personas llamadas por Dios para ministerios específicos. Dios llama a la iglesia a vivir bajo su gobierno en anticipación de la consumación en la venida de nuestro Señor Jesucristo.

1. ¿Quiénes son la Iglesia? La Iglesia de Cristo es una sola y se compone de todos los discípulos de todos las épocas (Mt. 18:20; Hch. 2:47; 1 Co. 12:13; Ef. 4:4-6; Ap. 7:9-10). Pero a través de los tiempos la Iglesia cristiana se ha dividido por muchas causas: por diferencias doctrinales, por diferencias en las formas de adoración, por distancia geográfica o cultural, entre otras. Por eso se hace necesario diferenciar la Iglesia que es universal y sin denominación; de la iglesia (denominaciones o agrupaciones) o de las iglesias locales, que son grupos de discípulos de Cristo de una comunidad o zona geográfica.

En nuestros días coexisten muchas iglesias cristianas con diferentes nombres y esto es causa de confusión para algunos. Ciertas iglesias tienen una doctrina sana, basada en la Biblia, pero otras interpretan la Palabra de Dios a la ligera y enseñan doctrinas de hombres mezcladas con la verdad revelada. Uno puede darse cuenta si una iglesia es centrada en la Palabra cuando se observa como viven sus líderes y sus miembros (Hch. 20:28).

2. Una iglesia sana. La Iglesia del Nazareno es una que se preocupa en que sus líderes, pastores y miembros alrededor del mundo reciban una enseñanza sana, centrada en Cristo, y que les ayude a vivir la vida en santidad siguiendo los pasos de Jesús (Ef. 5:25-26).

3. Una iglesia que sirve. Se espera que todos los miembros de las iglesias del Nazareno participen activamente en la misión de hacer discípulos de Cristo poniendo al servicio de Dios sus recursos materiales, intelectuales y espirituales (Hch. 8:4).

XII. El bautismo

Creemos que el bautismo cristiano, ordenado por nuestro Señor, es un sacramento que significa la aceptación de los beneficios de la expiación de Jesucristo, que debe administrarse a los creyentes, y que declara su fe en Jesucristo como su Salvador y su pleno propósito de obediencia en santidad y justicia. Como el bautismo es un símbolo del nuevo pacto, se puede bautizar a niños pequeños, a petición de sus padres o tutores, quienes prometerán la enseñanza cristiana necesaria.

El bautismo puede ser administrado por aspersión, afusión o inmersión, según la preferencia del candidato.

1. Es por mandato del Señor. El Señor Jesús ordenó a sus discípulos que bauticen a todos sus nuevos seguidores (Mr. 16:16).

2. El momento del bautismo. En el tiempo del Nuevo Testamento el creyente era bautizado casi de inmediato luego de su conversión (Hch. 22:16). En la actualidad las iglesias esperan un tiempo prudencial para dar la oportunidad al nuevo discípulo de comprender lo que significa este sacramento.

3. Es testimonio de la gracia divina. El bautismo es un testimonio de al menos tres cosas que han ocurrido previamente:

a. El bautizado se ha arrepentido de sus pecados y manifiesta su deseo de vivir como discípulo de Cristo.

b. Dios por su gracia le ha perdonado y le ha resucitado a una nueva vida.

c. Dios ha unido a su nuevo hijo a su familia (la iglesia) la cuál acepta la responsabilidad delegada por Cristo de discipularlo, darle ejemplo e integrarle al ministerio de la congregación local.

4. Hay tres formas de bautismo que la Iglesia del Nazareno practica:

a. Inmersión, es sumergir completamente a la persona en agua (Ro. 6:3-5).

b. Aspersión, es rociar o salpicar agua sobre la cabeza del nuevo cristiano (Hch.16:33).

c. Afusión, que consiste en derramar un poco de agua sobre la cabeza de la persona (Hch. 1:5; 2:17; 33; 10:45).

XIII. La santa cena ▬▬▬▬

Creemos *que la cena conmemorativa y de comunión instituida por nuestro Señor y Salvador Jesucristo es esencialmente un sacramento del Nuevo Testamento, que declara su muerte expiatoria, por cuyos méritos los creyentes tienen vida y salvación, y la promesa de todas las bendiciones espirituales en Cristo. Es distintivamente para aquellos que están preparados para apreciar con reverencia su significado, y por ella anuncian la muerte del Señor hasta que Él venga otra vez. Siendo la fiesta de comunión, sólo aquellos que tienen fe en Cristo y amor para los santos, deben ser llamados a participar en ella.*

1. El simbolismo del pan y del jugo de uva. La última noche antes de la crucifixión, Jesucristo y sus discípulos cenaron juntos. Era el tiempo de la fiesta judía de la Pascua, dónde el pueblo hacía memoria de lo ocurrido la noche anterior a la liberación de la esclavitud de Egipto por Dios.

En esta ocasión Jesús les recordó a sus discípulos que Él iba a ser sacrificado por el pecado de toda la humanidad y lo hizo mientras partía pan y les repartía el jugo de uva. Él usó estos símbolos para que ellos pudieran comprender que su cuerpo iba a ser torturado y su sangre sería derramada para que ellos pudieran ser salvos, libres para siempre de la esclavitud del pecado (Lc. 22:7-23).

2. Fue ordenado por el Señor. En esa ocasión Jesús les pidió que celebraran este ritual para nunca olvidar lo que Cristo estaba a punto de hacer por ellos y por todos los que creyeran en Él. Este sería un símbolo de la unión de la Iglesia con su Señor para siempre. Jesús ha prometido celebrar esta cena en el tiempo de su segunda venida con todos sus discípulos de todas las épocas y de todas las naciones (Mt. 22:19-20).

3. Cristo es el Señor de su Iglesia. Estos símbolos recuerdan también que Cristo es el Señor de la Iglesia, quien se dió a sí mismo por ella, para limpiarla con su sangre del pecado y prepararla en santidad para vivir eternamente con el santo Dios (1 Co. 11:23-26).

XIV. La sanidad divina ▬▬▬

Creemos *en la doctrina bíblica de la sanidad divina e instamos a nuestro pueblo a ofrecer la oportunidad para hacer la oración de fe para la sanidad de los enfermos. Creemos también que Dios sana a través de la ciencia médica.*

1. <u>La enfermedad no es creación de Dios.</u> La Iglesia del Nazareno cree que Dios es la fuente de sanidad física y que no es su voluntad que las personas sufran a causa de las enfermedades. La enfermedad no fue introducida por Dios en el mundo, sino que vino como consecuencia del pecado de la humanidad. En la vida eterna prometida por Dios a sus hijos la enfermedad no les tocará (Ap. 22:2).

2. <u>Jesús y los enfermos.</u> Los cristianos deben tener la misma compasión por los enfermos que tuvo Jesús y hacer todo lo que esté a su alcance para mitigar su sufrimiento. Jesús vio la enfermedad como una oportunidad para mostrar el amor de Dios a las personas (Mt. 4:23). El interés de Jesús por los enfermos abrió los oídos de ellos a escuchar las buenas nuevas de salvación (Mt. 4:23).

3. <u>La oración por los enfermos debe hacerse con fe y compasión.</u> Pero antes hay que preparar a los presentes para aceptar la voluntad de Dios cualquiera que ella sea. Si el milagro ocurre se debe animar a la persona a no guardarlo en secreto, sino compartirlo con todos para que abran su corazón al Señor (Stg. 5:13-15).

4. <u>Dios puede sanar también por medio de los tratamientos de la ciencia médica.</u> Por ello no hay que demorar la consulta con estos profesionales, aunque siempre rogando a Dios que les guíe en su desempeño. Los médicos son los que están en mejor posición para dar evidencias de un milagro y Dios quiere que también ellos entreguen su corazón a Jesús. El autor del evangelio de Lucas y el libro de los Hechos era el médico personal y discípulo del apóstol Pablo.

5. <u>Cuando Dios no sana a sus hijos.</u> En ocasiones Dios no sana a sus hijos sino que permite que sufran de enfermedad y debilidad física. Aunque a veces Él no revela a sus siervos la razón por la cuál permite esto, éstos deben confiar que hay un propósito santo para todo lo que Dios hace en la vida de sus hijos. En estos casos el creyente cuenta con la ayuda especial que Dios ha prometido (Ro. 8:28; II Co. 12: 7-10).

XV. La segunda venida de Cristo

Creemos *que el Señor Jesucristo vendrá otra vez; que los que vivamos en el momento de su venida, no precederemos a los que durmieron en Cristo Jesús; mas si hemos permanecido en Él, seremos arrebatados con los santos resucitados para reunirnos con el Señor en el aire, y estaremos siempre con Él.*

1. La segunda venida. Jesucristo regresará por segunda vez en todo su poder y gloria para buscar a los que son suyos (su Iglesia) y destruir para siempre a todos los que se han negado a vivir en obediencia a la voluntad santa del Creador (Hch. 1:11).

2. Alegría para unos y sufrimiento para otros. Será un tiempo de gozo infinito para todos los cristianos tanto los muertos -quienes serán resucitados- como para los que estén vivos. Pero para todos aquellos que rechazaron al Señor será un tiempo de gran desesperación (1 Ts. 4:13-18).

XVI. La resurrección, el juicio y el destino

Creemos *en la resurrección de los muertos, que los cuerpos tanto de los justos como de los injustos serán resucitados y unidos con sus espíritus—"los que hicieron lo bueno, saldrán a resurrección de vida; mas los que hicieron lo malo, a resurrección de condenación".*

Creemos *en el juicio futuro en el cual toda persona comparecerá ente Dios para ser juzgada según sus hechos en esta vida.*

Creemos *que a los que son salvos por creer en Jesucristo nuestro Señor y le siguen en obediencia, se les asegura la vida gloriosa y eterna; y que los que permanezcan impenitentes hasta el fin, sufrirán eternamente en el infierno.*

1. Todos los seres humanos estarán un día frente a Dios para ser juzgados. Este juicio ocurrirá una sola vez en la historia y será posterior a la segunda venida de Cristo. Será un juicio para castigo pero también para recompensa (Hch. 17:30-31; 2 Co. 5:10, He. 9:27-28).

2. ¿Habrá alguna oportunidad después de la muerte para el arrepentimiento? La Biblia no enseña que haya alguna oportunidad después de la muerte para reconciliarse con el Creador. Esta vida es todo el tiempo con que una persona cuenta para responder al llamado de Dios y arrepentirse para

vivir santamente (Jn. 5:20-29).

3. <u>La urgencia de la evangelización.</u> Debido a que no hay alguna posibilidad después de la muerte de obtener el perdón divino, todos los discípulos de Cristo son responsables delante de Dios de evangelizar y discipular a su generación, puesto que cada persona que muere sin Cristo está irremediablemente perdida y su destino eterno es sufrir para siempre en el infierno.

Referencias

(1) Cuando "Dios" se escribe con "D" mayúscula se refiere al único y verdadero Dios, cuando es con "d" minúscula se refiere a falsos dioses.

(2) En otras palabras, Juan afirma que Cristo tuvo participación como parte de la Trinidad en la creación del mundo. Vea en Génesis 1 y Hebreos 11:3 que el universo vino a existir por la Palabra de Dios. El Espíritu también estaba presente en la creación (Gn. 1:2).

(3) En algunas traducciones se traduce por error "Yahweh" por Jehová, pero el término Jehová no es de origen hebreo sino que comienza a usarse recién en el siglo XVI.

Bibliografía

Anderson, Ken. <u>Dónde hallarlo en la Biblia.</u> Caribe: Nashville, 2000.

Fisher, C. William. <u>¿Por qué soy evangélico?</u> CNP: Kansas City, 1986.

Iglesia del Nazareno. <u>Manual 2013-2017.</u> CNP: USA, 1997.

Knight, John A. <u>Lo que dice la Biblia acerca del don de lenguas.</u> CNP: Kansas City, 1988.

Purkiser, W. T. <u>Un vistazo a la doctrina bíblica.</u> CNP: Kansas City, 1989.

Taylor, Richard S.; Grider, J. Kenneth; Taylor. Willard H. <u>Diccionario Teológico Beacon.</u> CNP: Kansas City, 1995.

Notas:

AMANDO AL ESTILO DE JESÚS

C. Helmer Juárez

Introducción ▉▉▉

El amor al prójimo es un concepto básico para la vida cristiana.

Cuando iniciamos nuestra relación con Dios, los conceptos de nuestra vida anterior cambian paulatinamente. Como resultado nuestra forma de vivir también comienza a transformarse. Dentro de estos cambios debe destacarse un cambio de actitud hacia nuestros semejantes, para las personas con quienes nos relacionamos, aquellos entre los que vivimos.

Uno de los cambios importantes que vienen con la nueva vida en Cristo, es en cuanto a la forma en que amamos a los demás. En cierto sentido parece más fácil amar a Dios que amar al prójimo. Es fácil amar a Dios, pues aunque no le vemos sabemos lo que Él ha hecho por nosotros. Al contrario no es fácil amar a nuestro prójimo quien es muchas veces molesto, impertinente, nunca se conforma, y además lo vemos casi todos los días para recordarnos sus imperfecciones.

A pesar de todo, una de las claves para tener éxito en la vida cristiana mas importante es "amar al prójimo", de tal manera que Jesús nos advirtió que no podemos decir que amamos a Dios, si no amamos a nuestro prójimo (1 Juan 4:8,21).

En este breve volumen queremos resumir algunos conceptos que nos ayudarán a entender el porqué Dios nos pide amar a nuestro prójimo y cómo este amor llega a convertirse en una prueba visible del cambio que Dios ha efectuado en nuestra vida.

Trataremos de ir caminando a través de los conceptos de la Biblia y de los ejemplos de Jesús para comprender cómo es esta clase de amor al prójimo que Dios espera de nosotros.

Dentro de la Iglesia del Nazareno reconocemos que Dios nos manda amar a nuestros semejantes y deseamos que esta forma de *"amar como ama Jesús"* pueda constituirse en *"el estilo de vida"* de cada nazareno alrededor del mundo.

El mandamiento del amor

Si verdaderamente quiere ser "cristiano", *pero* no únicamente de nombre, sino de verdad, debe entender y practicar el "mandamiento del amor".

En Mateo 22: 37:38 encontramos estas palabras de Jesús: *"Ama a tu Dios con todo tu ser, es decir, con todo tu corazón y con toda tu mente".* Este es el primero y grande mandamiento, y el segundo es semejante: *"Ama a tu prójimo como te amas a ti mismo".* Desde el principio este "amor" ha sido la esencia de la vida cristiana y puede definirse como: amor humano respondiendo en obediencia al amor redentor (1) de Dios.

Como humanos casi siempre vemos el mandamiento del amor en dos partes, primero amar a Dios, segundo amar al prójimo. Tenemos la inclinación a querer ser primeros, queremos amar a Dios pero nos olvidamos del prójimo.

Dios nos invita a amarle y amar a otros con una clase de amor sin egoísmos que tiene cuatro características que lo distinguen:

1. <u>Amar a Dios con todo el corazón:</u> Esto implica amar con devoción, o sea que Dios está siempre presente en nuestro pensamiento y es la suprema prioridad de nuestra vida. Es un amor caracterizado por la fidelidad, es amor que renueva su compromiso todos los días, continuamente. Esto implica también amarle con emoción y con pasión. Amar con todo el corazón implica involucrar todas nuestras emociones. Cuando tenemos a Dios en nuestro corazón no es difícil amarle, pues nuestro corazón responde naturalmente a su amor.

2. <u>Amar a Dios con toda tu mente:</u> Esto se refiere a amarle con toda nuestra capacidad intelectual. Nuestra capacidad de razonar y comprender es de gran ayuda para conocer a Dios y compenetrarnos con su manera de ver las cosas. Cuanto más le conocemos más le amamos y cuanto más le amamos más queremos conocerle. Cuando nuestra mente se llena de la Palabra de Dios nos ayuda a comprender mejor las necesidades de los que nos rodean para amarles y servirles mejor. Nuestra mente, comprometida con Dios tendrá mucha sabiduría y conocimientos que compartir.

3. <u>También debemos amar a Dios con todas las fuerzas:</u> Esto implica mostrar amor en todo lo que hacemos. El estilo de vida cristiano debe ser evidente en todas las áreas de nuestra vida: en los negocios, en el trabajo, en el trato con la esposa y los hijos, entre otros.

Cuando amamos a Dios en esta forma, también amamos a nuestro prójimo como resultado del amor de Dios morando en nuestras vidas.

El amar al prójimo no es opcional para el cristiano, sino un mandamiento que debemos esforzarnos en obedecer.

Debemos permitirle a Dios cambiar nuestra vida, reemplazando el egoísmo por libertad para amar a todas las personas, así como nos amamos a nosotros mismos.

¿Quién es mi prójimo?

¿Debo ayudar a todos, o únicamente a los que me caen bien? ¿A quien debo ayudar? ¿Sólo a los que tengo cerca? ¿Al que vive al lado de mi casa? ¿A mis familiares? ¿A mis amigos? ¿Quién es mi prójimo? Estas son las preguntas que frecuentemente nos hacemos, cuando se trata de ayudar a otros. La pregunta no tiene una respuesta fácil. Es muy difícil decidir quién es mi prójimo.

En los tiempos de Jesús también existía esa inquietud acerca de la cuestión. En Lucas capítulo 10 encontramos una historia que relató Jesús para responder a esta pregunta. Ella cuenta que un hombre judío iba de viaje cuando fue asaltado por unos ladrones que le robaron todo lo que traía, además lo golpearon, lo hirieron y lo dejaron medio muerto. Dos líderes religiosos judíos pasaron por allí y no lo ayudaron, luego pasó un extranjero de la ciudad de Samaria (samaritano), que se suponía que no eran amigos de los judíos. Pero éste desconocido bajó de su caballo, lo atendió y lo llevó a una posada (hotel para viajeros). Allí pidió al dueño que lo cuidara y pagó por toda la cuenta, incluso dio instrucciones de que no escatimaran en gastos para atenderlo y que si era necesario volvería y pagaría lo que faltara.

Jesús preguntó al final de la historia: ¿Quién fue el prójimo del herido? Los que escuchaban no querían reconocer que fue el samaritano, pero esto era evidente puesto que fue él quien tuvo misericordia del herido. Jesús les dijo que debían seguir el ejemplo de este buen hombre.

Entonces, ¿quién es mi prójimo? Según este relato mi prójimo es toda persona que se cruce en mi camino y tenga una necesidad de cualquier tipo. En otras palabras, toda persona a la que tengamos oportunidad de ayudar para cambiar la situación actual de sufrimiento y falta de esperanza.

El mandato de Jesús es bastante claro. Debemos servir a los demás en todo lo que podamos, no únicamente a los que están cerca, o a los que nos caen bien, o a los que posteriormente podrían pagarnos por la ayuda, sino a todos los hombres, mujeres y niños a quienes tengamos oportunidad de ayudar.

¿Por qué debemos amar a nuestro prójimo?

A través de la Biblia, Dios demanda de todos sus hijos el tener compasión por sus semejantes, de la misma manera que Él tuvo compasión de nosotros.

Esencialmente nuestro Dios es un Dios que ama a todos los seres humanos. En San Juan 3:16 encontramos una declaración de Jesús que nos habla del amor de Dios por nosotros: *"Dios amó tanto a la gente de este mundo, que me entregó a mí, que soy su único Hijo, para que tengan vida eterna"*. .

Desde el Antiguo Testamento Dios se ha esforzado por mostrarnos su amor y motivarnos a practicar este mismo tipo de amor desinteresado los unos por los otros. Una de las historias más grandes del amor de Dios, es como Él llenó todas las necesidades de su pueblo durante el viaje de 40 años de Egipto a la tierra de Israel. Veamos algunos ejemplos:

1. Dios hizo durar su ropa: Deuteronomio 8 : 4 dice: *"tu vestido nunca se envejeció sobre ti, ni el pié se te ha hinchado en estos 40 años"*.

2. Dios los alimentó con pan y carne: Cuando el pueblo tuvo hambre el suplió con maná (2) y también con carne de codornices (3).

Pero así como Dios cuidaba de ellos también les encargó que cuidaran a otras personas. Esto podemos encontrarlo en Deuteronomio 24:17-22 donde Dios señala algunos prójimos que les encargaba para cuidar de ellos:

1. Los extranjeros y huérfanos: *"No torcerás el derecho del extranjero ni del huérfano"*, o sea que no debían aprovecharse de ellos ni tratarlos mal.

2. Las viudas: *"No tomarás en prenda la ropa de la viuda"*, o sea no debían aprovecharse de la necesidad de la viuda para quitarle sus pertenencias.

3. Debían compartir sus posesiones con los más necesitados: *"Cuando levantes tu cosecha y se te quede algún producto sin recoger, no regresarás a buscarlo, lo dejarás para que lo recoja el extranjero, los huérfanos, las viudas"*. Este mandamiento tenía una promesa de bendición de parte de Dios: *"Para que te vaya bien y te bendiga Dios en toda la obra de tus manos"*.

4. Compartir con los indigentes: En el capítulo 15: 7 de Deuteronomio dice: *"Cuando haya en el pueblo, o en los pueblos*

cercanos, algún necesitado, pordiosero, no endurecerás tu corazón, ni cerrarás tu mano contra tu hermano pobre, sino que le darás libremente y le prestarás lo que necesite".

Estos son únicamente unos ejemplos de los mandamientos en el Antiguo Testamento, hay muchos más. En el Nuevo Testamento encontramos nuevas enseñanzas sobre el amor el prójimo.

Jesús, nuestro salvador, quién es nuestro supremo ejemplo de amor y compasión, nos dejó varias enseñanzas y ejemplos valiosos al respecto:

Durante su ministerio... *"Jesús recorría toda las ciudades, y aldeas, predicando, enseñando y sanando toda enfermedad y toda dolencia en la gente"* (Mateo 4:23). Jesús no permanecía únicamente en el templo, sino que iba por todos los pueblos y ciudades y a la vez que predicaba y enseñaba, se ocupaba de las necesidades físicas de la gente como enfermedad y hambre, entre otras.

En Mateo 9:36 dice que Jesús tuvo *compasión* de la gente porque estaba desamparada, sin quién la cuidara. En Mateo 14:14 dice que Jesús tuvo compasión de la gente y sanó a los que estaban enfermos.

Luego en Mateo 15: 32 dice Jesús: *"Tengo compasión de la gente porque hace tres días que están conmigo y no tienen que comer, no quiero que se regresen sin comer a sus casas porque pueden desmayarse por el camino".* Los discípulos de Jesús se pusieron a pensar en el dinero que costaría dar de comer a la multitud de gente reunida. Entonces Jesús les dijo: *"Es responsabilidad de ustedes darles de comer"* (Marcos 6: 37).

Jesús estuvo atento a las necesidades de la gente para buscar soluciones, comida, sanidad, enseñanza, entre otras. En Lucas 10: 37 Jesús dice *"Vayan y hagan ustedes lo mismo, sean como yo".*

¿Quiénes deben involucrarse en el servicio al prójimo?

En realidad todos los cristianos debemos colaborar en los ministerios de la iglesia, incluso los de servicio al prójimo. El libro de los Hechos nos enseña que los primeros cristianos desarrollaron ministerios diversos en la iglesia para atender las diferentes necesidades de las personas de su comunidad. Algunas cosas que estos cristianos hacían juntos eran:

- ✓ Tenían comunión unos con otros.
- ✓ Estudiaban juntos la palabra de Dios.
- ✓ Oraban juntos.
- ✓ Mantenían la doctrina de los Apóstoles.
- ✓ Satisfacían las necesidades materiales de los hermanos más necesitados.

Es importante aclarar aquí que servir al prójimo no es tarea fácil, muchas veces aún en medio de nuestras mejores intenciones encontramos dificultades. Esto mismo pasó en la Iglesia del libro de Hechos. Los apóstoles pronto se dieron cuenta que ellos no podían hacerlo todo.

Los apóstoles pidieron que la iglesia escogiera seleccionara hermanos que pudieran coordinar la tarea para que no se detuviera la ayuda para los necesitados. Ellos buscaron personas con algunas características especiales para cumplir con esta tarea:

1. De buen testimonio, o sea que sean de buen ejemplo a otros. Estos debían ser hermanos de la iglesia pero que conocían y entendían los problemas de las personas de su comunidad.

2. Llenos del Espíritu Santo, puesto que el Espíritu Santo nos ayuda a ver a las personas necesitadas desde la perspectiva de Dios.

3. Que tengan sabiduría o sea capacidad para responder a los problemas de los necesitados y ayudarles de la mejor manera.

Es la presencia del Espíritu de Dios la que capacita a los creyentes para usar sus habilidades e inteligencia para servir a otros. Es un privilegio para cada hijo de Dios el poder servir a los demás, especialmente en sus necesidades humanas. A través de este servicio los pobres pueden ver a Dios actuando a través de nosotros en amor para llevar alivio a sus necesidades.

¿Como puedo colaborar con un ministerio de servicio en mi iglesia?

Inicialmente debemos saber que cada uno de nosotros puede ser instrumento para colaborar en un ministerio de ayuda en nuestra iglesia.

Para ello podemos comenzar por identificar las capacidades

y talentos que tenemos y recibir capacitación para este tipo de ministerio. Si ya hay un ministerio en nuestra iglesia podemos unirnos a sus líderes y ofrecer nuestra ayuda. Si no está organizado aún, podemos hablar con el pastor para iniciarlo.

En este último caso podemos involucrar a otros hermanos para trabajar en este ministerio. Los hermanos con dones de servicio (4) serán las columnas en las que descanse este ministerio.

Hay tres pasos básicos que debemos tomar en cuenta a la hora de planificar los ministerios de servicio:

1. Identificación de la necesidad.

Lo primero que debemos hacer es identificar bien la necesidad de las personas. Asumir una idea equivocada de la necesidad, nos llevará a dar una respuesta equivocada.

2. Identificación del los recursos.

Debemos identificar los recursos disponibles para ayudar a las personas. La fuente primera de ayuda son los recursos de la iglesia. ¿Cuáles son nuestros recursos? Dios siempre se encarga de que nuestros recursos se multipliquen. Es seguro que si nosotros hacemos nuestra parte, Dios hará el resto.

3. Planificación de actividades.

Planificar es clave en todo lo que hacemos, incluso cuando queremos ayudar a la gente. La planificación es la clave del éxito, si podemos desarrollarlo todo de acuerdo al plan. No nos olvidemos que cuando queremos ayudar a la gente debemos orar y esperar en el Señor como si todo dependiera de Él, y tenemos que esforzarnos al máximo como si todo dependiera de nosotros.

¿A quienes debo beneficiar en un ministerio de ayuda?

Debido a que hay mucha necesidad en nuestro mundo frecuentemente nos encontramos con la dificultad de escoger a quienes ayudar y nos preguntamos: ¿quién realmente necesita ayuda? ¿Como seleccionar las personas a quienes puedo y debo ayudar?

La Biblia nos guía en este aspecto ofreciéndonos ejemplo de personas a quienes podemos ayudar y algunos consejos acerca de la forma cómo hacerlo:

1. Las viudas.

Las viudas y viudos, son personas que están pasando una situación difícil, acomodándose a una nueva forma de vida. Es una etapa dónde necesitan mucha ayuda en muchas formas.

En Éxodo 22:22 se nos dice: *"no afligiréis a la viuda"*. Esto es, no aumentes su sufrimiento, no le pongas cargas que no está en condiciones de llevar.

En Salmo 146:9 podemos leer que *"Jehová sostiene a la viuda"*. Esta es una invitación a nosotros a ser sostén de ellas en todas sus necesidades.

El apóstol Pablo dice en Tito 5:3 que honremos a las viudas que de verdad lo son, a las que de verdad están en necesidad.

En Santiago 1:27 leemos una afirmación interesante: *"La religión pura y sin mancha delante de Dios el Padre es esta: ayudar a los huérfanos y las viudas en sus aflicciones, y no mancharse con la maldad del mundo"*.

Esto nos lleva a otro grupo de gente en la que podemos enfocar nuestros planes de ayuda:

2. Los huérfanos.

Los huérfanos son niños a los que las circunstancias de la vida han dejado sin uno o ambos padres. La vida para ellos resulta sumamente difícil. Necesitan de la ayuda de los cristianos para poder salir adelante en la vida. Busquemos nuevamente qué dice la Biblia al respecto.

Deuteronomio 10:18 dice: *"Dios hace justicia al huérfano. . . dándole pan y vestido"*. El Salmo 82 : 3 es más directo, nos dice: *"Defended al débil y al huérfano"*. ¿Quién más débil que un niño huérfano?

El profeta Isaías en su libro también hace referencia a las necesidades de los huérfanos: *"Aprended a hacer el bien, buscad el juicio, ... haced justicia al huérfano. . ."* (1:17).

Dios siempre está interesado en los más débiles, los más necesitados, ¿podemos pensar en alguien más necesitado y abandonado que un niño huérfano?

Avancemos en nuestro grupo de posibles beneficiarios de nuestra compasión. En el Antiguo Testamento se menciona a otro grupo juntamente con las viudas y los huérfanos, a quienes queremos referirnos también:

3. Los extranjeros.

¿Cómo se ha sentido cuando visita un lugar por primera vez? Ya sea una iglesia, un pueblo, una escuela, u otro sitio desconocido para usted. Siempre la primera experiencia es difícil. Nos sentimos mal, ajenos, pensamos que todos nos miran de forma rara. Esa es también la sensación de un extranjero.

Dios nos pide que los extranjeros ocupen un lugar especial en nuestro corazón. En Éxodo 22 : 21 se nos aconseja no engañar ni angustiar al extranjero.

En levítico 23 : 22 entre los consejos de Dios para su pueblo, se aconseja no cosechar hasta el último rincón de la tierra sino dejar algo para los pobres y los extranjeros. Podríamos decir que hoy debemos ocuparnos de las necesidades materiales de los extranjeros y de los pobres también.

Deuteronomio 10 : 19 nos habla de amar a los extranjeros. Nosotros mismos podríamos estar en esa situación en algún momento de nuestra vida y querríamos ser amados.

El profeta Jeremías es bastante enfático en esto también, cuando dice: *"Así ha dicho Jehová: Haced juicio y justicia, librad al oprimido de la mano del opresor, y no engañéis ni robéis al extranjero..."* (22:3). Recordemos a los extranjeros en nuestros planes de ayuda a los necesitados.

Estos son tres grupos de personas muy importantes que debemos de tomar en cuenta al preguntarnos ¿A quién debo ayudar?

Pero aún debemos considerar otros grupos de necesitados que pudiéramos encontrar en nuestro entorno. Debemos tener los ojos y oídos atentos para ver las necesidades que Dios ve en nuestra comunidad.

¿En que debe consistir mi ayuda a los necesitados?

Esta es otra pregunta que debe ponernos a reflexionar. ¿Cómo puedo yo ayudar? ¿Qué puedo yo dar? ¿Qué puedo yo hacer?

Encontramos una respuesta en la Biblia en el evangelio de San Mateo 25: 31- 46. El nombre de este pasaje es 'El juicio a las Naciones'. Quiero compartirle aquí los versículos del 31 al 40, dice así:

31 - Cuando el hijo del hombre venga, rodeado de esplendor y de todos sus ángeles, se sentará en su trono glorioso.

32 – La gente de todas las naciones se reunirá delante de Él, y Él separará los unos de los otros, como el pastor separa las ovejas de las cabras.

33 – Pondrá las ovejas a su derecha y las cabras a su izquierda.

34 – Y dirá el Rey a los que estén a su derecha: Vengan ustedes, los que han sido bendecidos por mi Padre; reciban el reino que está preparado para ustedes desde que Dios hizo al mundo.

35 – Pues tuve hambre, y ustedes me dieron de comer, tuve sed, y me dieron de beber; anduve como forastero, y me dieron alojamiento.

36 – Estuve sin ropa, y ustedes me la dieron; estuve enfermo, y me visitaron; estuve en la cárcel, y vinieron a verme.

37 – Entonces los justos preguntarán: Señor ¿cuándo te vimos con hambre, y te dimos de comer? ¿O cuándo te vimos con sed y te dimos de beber?

38 - ¿O cuándo te vimos como forastero, y te dimos alojamiento, o sin ropa, y te la dimos?

39 - ¿O cuándo te vimos enfermo o en la cárcel, y fuimos a verte?

40 – El Rey les contestará: Les aseguro que todo lo que hicieron por uno de estos hermanos míos mas humildes, por mí mismo lo hicieron.

¿Qué le parece este cuadro? Aparte de dramático en cuanto a la forma en que el Señor juzgará nuestras acciones, también nos provee un listado de formas en que nosotros podemos ayudar a los que están en necesidad, tanto en forma individual, grupal o como parte del trabajo de la Iglesia a la que pertenecemos.

¿Podemos revisar la lista?

Hambre

El hambre es uno de los problemas más serios para el ser humano. Cuando los niños aún no pueden hablar, lloran para indicar que tienen hambre. En Centro América actualmente muchos niños están padeciendo de desnutrición por falta de comida (en algunos países hasta un 60% de los menores de 5 años). ¿Qué podemos hacer los cristianos para que el Señor nos pueda decir: *"Tuve hambre y me distes de comer"*?

La Biblia nos habla de muchos pueblos que sufrieron de hambre en la historia. En Isaías 58:7 dice que a Dios le agrada que sus hijos se abstengan voluntariamente de alimentos para compartir su pan con el hambriento.

¿Cuánta gente alrededor nuestro está con hambre? Nosotros podemos ser la solución para el hambre de estas personas si compartimos lo que tenemos con ellas, especialmente los niños, los ancianos, los discapacitados, etc. Pero podemos ir mas adelante en nuestra acción de aliviar el hambre.

Muchas personas tienen hambre porque no tienen trabajo. Podríamos ayudarlos a encontrar trabajo y así poder satisfacer su necesidad, sin crear dependencia. Podríamos ayudarles para que reciban capacitación a fin de tener mejores posibilidades de trabajo y mejorar sus ingresos económicos.

Las guarderías y comedores para niños en las Iglesias son otra forma de responder a la necesidad de comida en la comunidad. Los programas nutricionales desde la Iglesia son de muy buen resultado para combatir el problema del hambre.

En zonas agrícolas podríamos facilitar cursos de capacitación para los campesinos que resulten en mejores cosechas, o cambiar a producir otros productos que puedan mejorar su nivel de vida y satisfacer su necesidad de comida.

Puede darse cuenta, nuestra respuesta puede ir desde compartir un pan con el hambriento hasta involucrarnos en programas de desarrollo social que mejoren la capacidad económica de las personas. El Señor Jesús te dirá: *"Por cuando lo hiciste a uno de estos mis hermanos mas pequeños, a mí lo hiciste" (Mateo 25:40).*

Sed

Otro gran problema de la humanidad actual es la falta de agua apta para el consumo. ¡Que duro es tener sed, tener necesidad de agua y saber que no hay!

Recordemos la historia del pueblo de Israel en el desierto cuando estaban dispuestos a hacer una rebelión contra Moisés por la falta de agua: *"Nos trajiste a este desierto para morir de sed".* Dios les proveyó el agua sacándola de una roca y les dió agua en abundancia.

En el evangelio de San Mateo 10:42 dice: *"Cualquiera que de*

*a uno de estos pequeñitos un vaso de agua fría solamente,
por cuánto es discípulo, de cierto os digo que no perderá su
recompensa".*

Podemos conformarnos simplemente con dar "un vaso" de agua al sediento, pero ante la necesidad de agua de algunas comunidades podríamos involucrarnos en buscar una solución permanente que realmente solucione su problema de sed hoy y mañana y todos los días que le seguirán después.

Es importante también enseñar a las comunidades a conservar las fuentes de agua pura. Uno de los problemas del mundo actual es la destrucción del medio ambiente. La destrucción de los bosques está causando la pérdida de importantes caudales de agua natural. La contaminación ambiental está transformando las fuentes de agua pura en agua no apta para consumo humano.

En la Biblia se narra una historia del profeta Eliseo. En cierta ocasión vinieron a decirle que el agua era mala para la gente. El pidió una vasija nueva y sal y con ella purificó el agua (2 Reyes 2:19-22). ¿No podríamos nosotros ahora también involucrarnos como individuos y como iglesia para lograr que la gente tenga agua de buena calidad? Una forma sería involucramos en comités vecinales para lograr que la comunidad tenga acceso al agua.

Sin ropa

La situación de pobreza y aislamiento hace que mucha gente en la actualidad carezca de vestimenta apropiada. En comunidades aisladas, donde hay pobreza extrema, la gente tiene escasamente lo necesario para sobrevivir. En algunas temporadas del año, especialmente las muy frías, la gente tiene necesidad de ropa adicional o de cobertores para cubrirse, de otro modo podría llegar a enfermarse e incluso morir por falta de abrigo.

También frecuentemente ocurre cuando hay desastres naturales como inundaciones, terremotos, huracanes, que la gente pierde todas sus cosas, incluyendo su ropa.

¿Qué estamos dispuestos a hacer? Juan el Bautista predicaba en los tiempos de Jesús. En una ocasión el habló a su audiencia de las necesidades de la gente. Los que le escuchaban entonces le preguntaron: ¿Qué es lo que podemos hacer? El les dió una respuesta interesante: *"El que tiene dos túnicas, de una al que no tiene . . ."*(Lucas 3:11). Podríamos decir hoy: "El que tiene más ropa de la que necesita realmente compártala con los que no tienen". Me refiero a ropa en buen estado, algo que usted mismo usaría.

El Apóstol Santiago nos recuerda en su carta: *"supongamos que a un hermano o hermana les falta la ropa y la comida necesarias para el día, y uno de ustedes le dice: que te vaya bien, abríguense y coman todo lo que quieran, pero no les da lo que su cuerpo necesita, ¿de qué les sirve?* (2:15 y 16). Ropa y calzado pueden ser de mucha utilidad a la gente en necesidad, compartamos lo que tenemos.

Enfermedad

"Estuve enfermo y me visitaste'". La soledad de los enfermos es terrible. Una visita de apoyo, de oración, de consuelo, es de gran ayuda incluso en el proceso de recuperación.

La Biblia nos insta a orar por los enfermos y a visitarlos. El libro de Santiago dice que la oración de fe sanará al enfermo. Algunos estudios científicos están descubriendo ahora que esta es una gran verdad.

En los tiempos bíblicos visitar al enfermo era lo único que se podía hacer por él, en nuestro tiempo las situaciones han cambiado, podemos hacer mucho mas por ellos. ¿Qué piensa que podemos hacer por los enfermos además de visitarlos, de orar, de ungirlos con aceite?

Me gustaría dar algunas sugerencias en esta dirección:

a. Podríamos ir y ayudar con los cuidados de la casa y los demás miembros de la familia, especialmente si el enfermo es la madre.

b. Podríamos ir y ayudar con la compra de las medicinas necesarias para la recuperación. Muchas veces la enfermedad agrava la situación económica de la familia y no se pueden comprar los medicamentos que ayudarían a una recuperación más pronta.

c. Podríamos ir y llevar al enfermo al médico, ya sea una clínica privada o pública, algunas veces el enfermo no sabe a dónde acudir, o su misma enfermedad no le permite buscar ayuda. En ocasiones esto también significará que tenemos que apoyar económicamente con los gastos.

d. En algunas iglesias hay profesionales médicos que podrían donar su tiempo para iniciar programas de atención de salud en la misma iglesia, utilizando las facilidades que la iglesia tiene, sus anexos, aulas de escuela dominical, etc. Esto ayudará a que la gente acuda con confianza y sin tener el problema de enfrentar los costos de atención médica que en la actualidad son verdaderamente difíciles.

Como vemos podemos hacer mucho más que visitar al enfermo, podemos ocuparnos también en la búsqueda de soluciones para el problema de la enfermedad.

También hay comunidades donde el problema de salud es crónico, dependiendo de la forma de vivir, allí podríamos, personalmente o como iglesia iniciar programas de educación en salud para que la gente no se enferme. Si utilizamos la Biblia como manual de salud, podemos encontrar grandes verdades que enseñar a la gente para vivir de acuerdo a los principios de la palabra de Dios.

Muchas veces repetimos que "Dios es nuestro sanador", pero olvidamos las condiciones para que nos sane. En Éxodo 15 : 26 encontramos este pasaje: *"Si oyes atentamente la voz de Dios, si haces lo recto delante de sus ojos, si das oído a sus mandamientos, si guardares todos sus estatutos, ninguna enfermedad de las que envié a los egipcios te enviaré a ti porque yo son Jehová tu Sanador".*

Si podemos enseñar los mandamientos de Dios a todos, podríamos contribuir para alejar las enfermedades que acosan a una comunidad.

En la cárcel

Los que están en la cárcel son posiblemente las personas mas difíciles de ministrar, pero de las más necesitadas.

El profeta Isaías inspirado por el Espíritu de Dios dijo estas palabras sobre la obra que vendría a realizar Jesús en el mundo: *"El espíritu de Jehová está sobre mí, porque me ungió Jehová; me ha enviado a predicar buenas nuevas a los abatidos, a vendar a los quebrantados de corazón, a publicar libertad a los cautivos y a los presos apertura de la cárcel"* (Isaías 61: 1).

La tarea es más que visitar a los presos, es buscar cómo liberarlos. Especialmente ayudarles a encontrar libertad del poder del pecado por medio de un encuentro personal con Jesucristo y discipularles para vivir cristianamente aún dentro de la cárcel.

La persona encarcelada está expuesta a muchos problemas, incluso a aprender más perversidades, y al salir de la cárcel ser aún más malo que antes y eventualmente volver a la prisión. ¿Cómo podemos los cristianos ayudar en la rehabilitación de los presos?

Inicialmente visitándolos. Esto puede ser difícil si no son familiares o conocidos. Hay muchas visitas a las cárceles por grupos evangélicos que predican y cantan. Podemos hacer más que eso. Ayudar a que vivan dignamente dentro del penal, ayudar a que sean rehabilitados mediante programas de estudio, capacitación para el trabajo, etc. De manera que al salir de la prisión no sólo no vuelvan a cometer delitos sino sean de provecho a la sociedad.

Hay otro aspecto que no quiero pasar por alto, y es el recordar las necesidades de la familia del encarcelado que puede estar pasando por gran necesidad porque no hay quien genere ingresos económicos suficientes. Podemos ser de ayuda visitando y asistiendo a la familia de acuerdo a sus necesidades.

Otro asunto importante de tomar en cuenta es el proceso de rehabilitación al salir de la prisión. Es muy difícil para un ex presidiario incorporarse a la sociedad si no tiene una mano amiga, que ayude a encontrar trabajo y a acostumbrarse nuevamente a vivir en libertad.

¿Que piensa de estas variadas formas en que podemos servir a otros y a la vez demostrarle un carácter cristiano? ¿Verdad que hay bastante que podemos hacer? La compasión cristiana es una herramienta útil para demostrar en acciones concretas el cambio que Dios ha hecho en nuestra vida.

Elementos básicos de la compasión

Es posible que después de leer todo esto usted se esté preguntando: ¿Podré yo poner en práctica la compasión en mi vida? ¿Seré capaz de ayudar a mi prójimo?

Pues permítame decirle que todos los hijos de Dios tenemos el potencial para amar con compasión a otros y servirles en consecuencia.

En la historia del Buen Samaritano de Lucas 10: 25-37 mencionada anteriormente se incluyen tres elementos que deben de estar presentes en toda acción de ayuda al prójimo que emprendamos:

1. AMOR: Este es el ingrediente más importante de un programa de ayuda. El apóstol Pablo en 1ª Corintios 13 : 3 dice que: podemos repartir todos nuestros bienes para dar de comer a los pobres, incluso dar nuestro cuerpo para ser quemado, pero sin amor, de nada sirve. El amor es la necesidad más importante del mundo hoy. Todos los que hemos aceptado a Cristo como nuestro Salvador, hemos recibido una herencia de amor de Él y podemos compartirlo con otros. La gente está ansiosa de ver y recibir el amor de Dios.

2. TIEMPO: En la historia del samaritano podemos ver que él invirtió por lo menos un día y una noche ayudando a este hombre, que era un desconocido. Jesús siempre tomó tiempo para ayudar a los necesitados. ¿Por qué es tan difícil para nosotros dedicar tiempo para otros? Siempre debemos recordar que Jesús nos dedicó tiempo cuando nosotros estábamos perdidos y sin esperanza de salvación. Debemos dedicar tiempo a los que necesitan de nuestra ayuda.

3. RECURSOS PROPIOS: El samaritano invirtió sus recursos en la ayuda de este necesitado: limpió sus heridas y luego lo trajo a la posada y pagó por los gastos. Un programa de ayuda, necesita de la inversión de nuestros recursos.

Tres elementos de la compasión: amor, tiempo y recursos. Compartirlos muchas veces demandará sacrificio, no será fácil.

La pregunta para nosotros hoy es: ¿Estamos dispuestos a seguir el ejemplo de Jesús?

El mandato de Jesús sigue vigente, *"Vé y haz tú lo mismo"* (Lucas 10: 37).

Referencias

(1) Redentor: Viene del verbo redimir que significa comprar con precio algo que se había perdido. Por amor Dios pagó el precio de nuestra libertad del dominio del pecado entregando a su Hijo Jesús para morir en la cruz en nuestro lugar.

(2) Maná: liquido producido por algunas plantas parecido al algodón de azúcar que Dios proveyó en manera abundante y milagrosa por 40 años mientras el pueblo de Israel estaba viviendo en el desierto de Sinaí (Éxodo 16:35).

(3) Codornices: ave de tamaño similar a una gallina pequeña que se traslada en grupos. También Dios proveyó suficientes de estas aves al pueblo de Israel en el desierto de Sinaí (Éxodo 16:13).

(4) Dones de servicio: la palabra don significa "regalo". Los dones son regalos de Dios para sus hijos, como la salvación, su amor, y otros. Dios también capacita a sus hijos para hacer ciertos ministerios o trabajos para Él. Esta capacidad viene de Dios y se perfecciona por medio del estudio y la práctica. Los dones de servicio mencionados aquí son los que se relacionan con las capacidades y talentos que necesita una persona para servir a las necesidades de otros, como ser: ser gentil y hospitalario; estar dispuesto a realizar labores como atender enfermos, cuidar niños, ancianos. También personas con habilidad para preparar alimentos, coser ropa, limpiar, sanar, aconsejar, entre otros.

Bibliografía

Las versiones de la Biblia que se usaron para este folleto han sido publicadas por Sociedades Bíblicas Unidas y son:

1. Edición de Estudio, Dios habla Hoy, 1996, actualizada 1997.

2. Traducción en Lenguaje Actual, 2002, actualizado 2004.

3. Reina Valera, revisión 1960.

HISTORIA Y MINISTERIO DE LA IGLESIA DEL NAZARENO EN EL MUNDO

Ruthie Córdova Carvallo

Introducción

La Iglesia del Nazareno surge dentro de un contexto de despertar espiritual en los Estados Unidos por la predicación y enseñanza de la doctrina bíblica de la santidad. Al igual que un siglo antes cuando en Inglaterra se produjo también un despertar y reforma por la misma razón, conducido por el predicador Juan Wesley.

El contexto de Inglaterra del Siglo XVIII era bastante triste y sombrío. El estado moral, social, político y económico del país era caótico. Las clases populares eran ignorantes, pobres, groseras, violentas y anárquicas. Los campesinos se encontraban en un estado de semi-babarie, los mineros llevaban una vida miserable, muy pocos sabían leer y escribir.

La Iglesia Anglicana descuidó las enseñanzas bíblicas y el clero sus estudios teológicos para volverse ambiciosos y mantener sus puestos eclesiásticos.

En medio de esa situación, algunos cristianos fieles buscaban la manera de cambiar al país, de mejorar la condición moral de la gente con el apoyo del gobierno, creando sociedades para la reforma de costumbres y centros de vida religiosa.

Mientras tanto, Juan Wesley crecía, se educaba y se preparaba para ser un ministro. Su propia experiencia espiritual y comunión con Dios determinó muchas de las decisiones en su vida y ministerio. Así, él llegó a ser un instrumento clave de Dios al enseñar la doctrina de la santidad, proclamarla y vivirla en medio de una sociedad en crisis. Wesley se caracterizó por su trabajo entre los necesitados, su lucha en contra de injusticias y males sociales, su preocupación por el crecimiento y vida espiritual de cada persona, su deseo ferviente de que todos conocieran a Dios en una relación personal y por medio del estudio de su Palabra, su esfuerzo por que todos sus predicadores tuvieran una excelente educación teológica y sobre todo pasión para proclamar las buenas nuevas de salvación.

Estas acciones al nivel local comenzaron a tener trascendencia mayor en todos los lugares de Inglaterra creando una renovación. Mucha gente venía a escuchar las predicaciones de Wesley y muchos de ellos se arrepentían de su vida pecaminosa. No sólo afectó la vida espiritual del país sino todas las áreas con sus reformas de justicia, bienestar y mejoramiento. El crecimiento numérico iba en aumento por lo que Wesley se vio obligado a dar estructura a este movimiento. Entonces surgió el metodismo cuya visión misionera alcanzó a Irlanda y a los Estados Unidos.

Movimiento de Santidad en los EUA

El gran avivamiento (1) que existía en Inglaterra con Juan Wesley fue llevado a las colonias británicas de EUA. por medio de Thomas Webb, quien inició la predicación de la doctrina de la perfección cristiana (2) en esta nueva nación. A él se le unió otro joven predicador inglés Francis Asbury y juntos establecieron numerosos lugares de reunión y de predicación.

El Metodismo (3) comenzó a crecer poco a poco en los Estados Unidos, pero al mismo tiempo de esa efervescencia espiritual, también llegaron a esta tierra cristianos del movimiento pietista (4) de diferentes países de Europa que influenciaron el pensamiento y modo de vida de la gente.

Aunque la predicación del evangelio y de la doctrina de santidad se escuchaba en todas partes, ya estaba comenzando a quedarse en teoría y descuidándose el aspecto de la experiencia. Por tanto, los laicos de diferentes iglesias se reunían en casas cada semana para tener estudios bíblicos y predicar la doctrina de la perfección cristiana . Se enseñaba cómo uno podía ser santificado, cómo se vivía la vida de santidad, cómo se testificaba a otros y también para compartir entre ellos sus propias experiencias.

De estas reuniones, a las cuales no sólo metodistas asistían sino cristianos de otras denominaciones, muchas personas fueron inspiradas a buscar la santidad de corazón y de vida. De entre ellos surgieron grandes evangelistas y predicadores de avivamientos espirituales. Hombres y mujeres que obtuvieron la experiencia de la santidad y la proclamaron con vehemencia y ejemplo.

El avivamiento de santidad se extendió por todo el país. Se realizaban cruzadas de oración, reuniones en casa, publicaciones, reuniones al aire libre tipo campamentos, etc. con el único propósito de predicar y promover la doctrina de la santidad.

Por un buen tiempo hubo gran renovación espiritual pero fue apagada con el estallido de la guerra civil en los Estados Unidos que hizo que el país se dividiera en dos grupos. Posteriormente, cuando la guerra terminó se desarrollaron en las iglesias tensiones sobre las formas más aceptables de conducta y de adoración.

A fin de reavivar a las iglesias se comenzó con reuniones campestres para promover la santidad, pero ello creó nuevas tensiones entre la iglesia establecida como institución y las reuniones al aire libre entre semana para fomentar una doctrina que causaba controversias. A esto se agregó la aparición de predicadores que proponían reformas y que eran agentes de división.

Los defensores de la doctrina de santidad formaron un grupo llamado movimiento de santidad, luego se levantaron opositores a la doctrina y esto causó que el movimiento se fragmentara, de tal manera que surgieron 23 denominaciones de santidad diferentes en sólo siete años.

Biografía de Phineas F. Bresee

Phineas Franklin Bresee nació el 31 de diciembre de 1838 en una cabaña rústica en el pueblo de Franklin, condado de Delaware en el estado de Nueva York, EUA. Phineas fue el segundo de tres hijos en la familia.

Sus padres fueron Phineas P. Bresee, dueño de una finca y luego de una tienda, y Susana Brown de Bresee. Ambos fueron cristianos metodistas, miembros de la Iglesia Metodista Episcopal.

Phineas estudió su primaria y secundaria en escuelas de Nueva York pero no pudo continuar estudios superiores por falta de recursos económicos. El creyó en la educación por lo que enfatizó este aspecto en su vida ministerial, en la preparación de otros ministros y en la nueva denominación.

Phineas fue considerado un líder de confianza ya que era muy activo y comprometido con la obra misionera. Llegó a ser un predicador vehemente de la vida y el carácter cristiano, luego lo sería de la doctrina y vida de santidad. Era también un buen administrador de la iglesia.

Por ser sensible a las necesidades de otros, Phineas visitaba a los necesitados y enfermos. De sus propios recursos les llevaba víveres y dinero. Tuvo pasión por la evangelización de los pobres y la proclamación de la vida de santidad. Asimismo, se opuso en palabras y hechos a la marginación social y combatió en campañas en contra del alcohol.

Además de todo esto, Phineas F. Bresee era un joven con visión. Cada iglesia que pastoreó la hizo crecer y fue un centro de avivamiento donde se predicó claramente el mensaje del evangelio y la doctrina de la santidad. Sus palabras eran acompañadas fuertemente por sus hechos.

Phineas aceptó al Señor Jesús como su Salvador a los 18

años de edad en una experiencia personal, aunque él había crecido en un hogar cristiano y aprendido todo sobre la vida cristiana. En un año, él fue llamado al ministerio pastoral. Asi que, la Iglesia Metodista Episcopal le nombró pastor asociado o ayudante por un año del Rev. A.C. Barnhart. Con la ayuda de él, Phineas tomó y aprobó todos sus cursos ministeriales. Al año siguiente, se le dio el pastorado de una jurisdicción en Pella, Iowa y al próximo año cuando Phineas tenía 21 años, se le otorgó su primera licencia pastoral.

Dos años después, en 1861, Phineas Bresee fue ordenado como presbítero y regresó a Nueva York para casarse con su novia Mary Hibbard.

Durante aquellos años, estaba vigente la esclavitud de los negros. Phineas no compartía con esa norma social que era muy fuerte en el área sur del país. Por ello, él pidió su cambio de Pella, Iowa a otra jurisdicción. Entonces se le asignó Galesburg, en el mismo Iowa. Era una área bastante difícil. Por algún tiempo, Bresee se sintió frustrado y amargado con el lugar, pero después de orar mucho a Dios, lo tomó como un desafío y le pidió que le ayudara.

Al cabo de un año de pastorear esa área, Bresee recibió 140 miembros nuevos en su iglesia. Pudo comprar una cómoda casa pastoral, dos caballos y un coche o carruaje.

Phineas Bresee tenía ahora 23 años y había demostrado ser perseverante y exitoso en su ministerio como pastor. Entonces, se le asignó pastorear una buena iglesia en la capital de Iowa llamada Des Moines, la cual él salvó de una ruina financiera.

A los 28 años de edad, Phineas Bresee obtuvo en su vida espiritual la experiencia de la entera santificación, después de un tiempo de búsqueda de respuestas a sus preguntas y dudas sobre la fe cristiana. Y sobretodo, porque él se dio cuenta que en su vida había tendencias de ira, orgullo y ambición material que no quería tener. Este evento tuvo lugar en una de las reuniones de oración de su iglesia local cuando él oró pidiendo a Dios la experiencia que satisfaga esa necesidad de limpieza.

En el transcurso de los años, Bresee creció mucho en su vida espiritual y desarrolló su ministerio pastoreando varias iglesias (pequeñas y grandes, en el campo o en la ciudad) en diferentes estados del país y asumiendo numerosos cargos importantes de liderazgo en la denominación.

Cuando tenía 45 años, fue invitado a predicar en la Primera

Iglesia Metodista Episcopal de los Angeles, California. A la congregación le gustó tanto que a las dos semanas de estar allí, se le pidió ser el pastor de esa iglesia. Luego, en 1886 se le invitó a pastorear una iglesia pequeña en un pueblito de Pasadena, California. Bresee aceptó e inició campañas evangelísticas y reuniones al aire libre con los trabajadores de construcción que vivían allí. De aquí en adelante se producen una serie de eventos que harían que Phineas comenzara a desarrollar la visión de una iglesia internacional de santidad.

El ministerio de Bresee era muy dinámico y variado. No se conformó con estar en un solo lugar, en un tipo de iglesia y haciendo un tipo de ministerio. El dirigió campañas de avivamiento de santidad, viajó por todo el país y predicó en las reuniones campestres y en todo tipo de actividades para promover la santidad.

A partir de los 57 años en adelante, Phineas F. Bresee daría inicio a una denominación de santidad y viviría para ver los frutos, el alcance, los ministerios y predicadores que surgirían de ella. El continuó predicando la santidad hasta el último año de su vida. Expiró cuando tenía 77 años el 13 de noviembre de 1915.

Orígenes de la Iglesia del Nazareno

En 1895 cuando Bresee tenía 57 años comenzó a dejar los púlpitos del metodismo para ministrar a los pobres. Su deseo era tener una organización de obreros que permitiera a personas que no pertenecían a una iglesia, ser parte de la misión que él quería crear y ser considerada como su hogar espiritual.

Mientras pastoreaba, Bresee consiguió alquilar un local para establecer esa misión en la ciudad de Peniel, California, y comenzar su obra de evangelismo entre los trabajadores de construcción y de fábricas. Se le llamó Misión Peniel. Cuando el grupo comenzó a crecer y a crecer, Bresee pidió la aprobación de sus líderes para dedicarse a tiempo completo como director. Eso significaría que dejaría de pastorear la iglesia local. Aunque fue aprobado, los líderes no estaban contentos con mantener esta obra independiente y que Bresee siguiera siendo un ministro metodista sin iglesia.

Por otro lado, los propietarios del local le pidieron salir porque no era un negocio que les produjera ganancias. Phineas Bresee se sintió muy triste y desconcertado ya que prácticamente la obra desaparecería. Con mucho dolor y después de mucha oración, Bresee pidió a sus líderes que pusieran su nombre en la lista de ministros inactivos y de esta manera, él quedó fuera de la denominación.

En esos días, Bresee se enteró de que su buen amigo el Dr. Widney estaba en la ciudad, quien había anunciado hace algún tiempo su salida a otro estado por asuntos de estudios, pero no se fue por obra de Dios. Ambos se reunieron, hablaron, oraron y decidieron juntos formar una nueva organización que continuara con el programa de proveer un hogar espiritual para los pobres.

Con la ayuda de varios amigos, se logró conseguir un local mucho más grande, lo alquilaron y el grupo se trasladó. Realizaron los primeros servicios y al notar su crecimiento decidieron organizarse como iglesia.

Así, Bresee y Widney celebraron su primera reunión el 6 de octubre de 1895 en Red Men's Hall, cerca de Peniel, California. Dos semanas después el grupo era de 86 personas que incluía las familias de amigos líderes metodistas y sus propias familias. Este grupo inicial fue el que organizó la Iglesia del Nazareno.

El Dr. Widney predicó su mensaje basado en el evangelio de Lucas sobre las palabras de Jesús "sígueme" a sus discípulos. En su mensaje, Widney explicó que la razón para fundar una nueva denominación era que los métodos y la administración de la iglesia antigua habían sido un obstáculo para el trabajo de evangelización de los pobres. También dijo que se escogió el nombre de Iglesia del Nazareno porque les pareció que esa palabra "nazareno" simbolizaba la misión humilde y laboriosa de Jesús, además era el nombre que Jesús mismo usó y que sus enemigos usaban para burlarse de él.

Frente a un continuado crecimiento, Bresee oró por la posibilidad de conseguir un terreno para construir una iglesia más grande. Meses después, Dios proveyó ese lugar y construyeron un santuario o tabernáculo con capacidad para 400 personas. Ya que la congregación continuó creciendo se tuvo que pensar en ampliar el edificio para contener a 600 personas.

Los servicios de adoración y de predicación de la santidad atraían a más y más personas. Muchos se convertían y muchos eran santificados. El avivamiento era increíble. Los nazarenos mostraban su gozo al cantar, su devoción al orar e interceder por otros, su convicción y seguridad sobre la experiencia de santidad al escuchar la proclamación de estas verdades en la

Palabra de Dios. Muy pronto personas de todas partes de los EUA e incluso de otras denominaciones venían a esta Iglesia del Nazareno en Los Ángeles, California. Así iniciaron iglesias en otras poblaciones cercanas y después se extendieron a otros estados vecinos del país.

En 1897 la Iglesia del Nazareno estaba interesada en predicar a otras culturas, así que estableció una misión entre los hispanos de Los Ángeles, California, la misma que se extendió hasta Texas y una misión entre la comunidad china.

En los años siguientes, el crecimiento de la Iglesia del Nazareno y otras iglesias de santidad en el país era tal, que comenzaron a unirse para compartir esfuerzos y promover la obra.

La Iglesia Evangélica del Pueblo de Rhode Island se unió con la Iglesia Independiente de Santidad de Massachusetts.

La Asociación Central Evangélica de Santidad se unió con la Asociación de Iglesias Pentecostales de Norteamérica.

La Iglesia de Cristo del Nuevo Testamento se unió con la Iglesia Independiente de Santidad.

El 11 de octubre de 1907 en Chicago se unió la Asociación de Iglesias Pentecostales de Norteamérica con la Iglesia del Nazareno resultando en Iglesia del Nazareno Pentecostal. Así, en la asamblea general, aparte de Phineas F. Bresee, se añadió otro superintendente general (miembro de la Asociación) el Rev. H.F. Reynolds.

El 13 de octubre de 1908 en Pilot Point, Texas se unió la Iglesia de Cristo de Santidad con la Iglesia del Nazareno Pentecostal y se eligió otro superintendente general, el Rev. E.P. Ellyson.

En Febrero de 1915, la Misión Pentecostal de Santidad se unió a la Iglesia del Nazareno Pentecostal. Otros grupos de santidad se fueron uniendo a la Iglesia del Nazareno posteriormente. Su acuerdo de unión se basaba en las doctrinas básicas de la vida cristiana y lo que era esencial a la santidad.

En la asamblea general de 1919 por petición de los distritos se quitó la palabra "pentecostal" del nombre de la denominación debido a que en el ámbito religioso ésta había cambiado su énfasis de santidad a don de lenguas. Algunas denominaciones promovían ese don y la palabra podía crear confusión en la gente y pensar que la Iglesia del Nazareno era una de ellas. Por tanto, el nombre oficial de la denominación regresó a su original como Iglesia del Nazareno.

Declaración Misional y Valores Esenciales

La Iglesia del Nazareno fue fundada para transformar el mundo por medio de la proclamación del evangelio y de la santidad bíblica. Su misión es hacer discípulos a la imagen de Cristo en todas las naciones.

Es un Pueblo Cristiano

Como miembros de la iglesia universal, los nazarenos se unen a los creyentes para proclamar el señorío de Jesucristo y los credos de la fe cristiana. Asimismo, valora la herencia wesleyana de santidad y considera que es una manera de entender la fe verdadera de acuerdo con las Escrituras, la razón, la tradición y la experiencia.

Es un Pueblo Santo

Dios es santo y llama a todos a una vida de santidad. Los nazarenos creen que el Espíritu Santo desea realizar una segunda obra de gracia dentro de cada uno, conocida por varios nombres como "entera santificación" y "bautismo con el Espíritu Santo". Esto es limpieza de todo pecado, renovación a la imagen de Dios, capacidad para amar a Dios con todo el corazón, alma, mente y fuerzas y al prójimo como a uno mismo; produciéndose el carácter de Cristo en cada uno. La santidad en la vida de los creyentes se entiende como semejanza a Cristo.

Es un Pueblo Misionero

Los nazarenos sienten que son un pueblo enviado, que responde al llamado de Cristo y que es capacitado por el Espíritu Santo para ir al mundo, para testificar del señorío de Cristo y participar con Dios en la edificación de la Iglesia y la extensión de su reino.

Su misión se inicia en adoración, ministra al mundo con evangelismo y compasión, anima a los creyentes hacia la madurez cristiana por medio del discipulado y prepara a mujeres y hombres para el servicio cristiano por medio de la educación superior.

Política, Estructura y Crecimiento

La Iglesia del Nazareno desde el principio enfatizó las áreas de ministerio de evangelismo, educación y compasión. Conforme la denominación iba creciendo e impactando al mundo, otras áreas de ministerio y programas fueron añadiéndose y promoviendo, a fin de ministrar a las personas integralmente.

Así pues, varios Comités y Juntas Generales se formaban para representar el ministerio de la denominación. Entre ellos se contaba con los comités de misiones, de extensión de la iglesia, de ayuda social, de publicaciones, de educación, de ministerio y otros. Después estos comités se consolidaron en Juntas Generales y varios departamentos para una mejor organización.

Luego, se estableció un Presupuesto General que sería recogido de las ofrendas de las iglesias locales y distritos para ser dividido entre los departamentos o ministerios de la iglesia. Actualmente se le conoce con el nombre de Fondo de Evangelismo Mundial.

Años más tarde, la denominación reestructuró la organización y se crearon divisiones y departamentos como: la división de ministerios de escuela dominical, la división de crecimiento de la iglesia, la división de finanzas, la división de comunicaciones y la división de misión mundial.

En la asamblea general de 1976 se creó una comisión de internacionalización con el propósito de ser una comunidad internacional y promover el liderazgo nacional. Así pues, en la asamblea general de 1980 se creó el sistema de regiones mundiales y se distribuyó a la iglesia por áreas.

La Asamblea General es el organismo máximo de toda la organización de la denominación. Cualquier acción, decisión, modificación, eliminación, etc. Desde un artículo de fe (creencias) hasta las estructuras de gobierno deben venir de ella y ser aprobadas o desechadas por ésta. La Asamblea General está sobre la Junta de Superintendentes Generales (formada por seis personas).

Desde la organización de la Iglesia del Nazareno, la publicación de un Manual con las creencias, la forma de gobierno y la organización, reglas generales y rituales ha ido desarrollándose hasta hoy. A fin de mantenerse al día con los cambios de la sociedad, las diferentes culturas y países donde está la iglesia, circunstancias y casos específicos, enfrentamiento a corrientes de pensamiento, entre otros.

Cada cambio en el Manual es cuidadosamente estudiado y evaluado a fin de ser fiel a las Escrituras, a la tradición teológica

Arminiano (5) -Wesleyana, al sentir de los fundadores de la denominación, a la sensibilidad cultural y a los tiempos actuales. Cada cambio es presentado, discutido, revisado, respaldado y aceptado por los miembros delegados de todos los países en cada Asamblea General.

Hoy en día, la Iglesia del Nazareno continúa proclamando el mensaje de salvación y de santidad a las naciones y haciendo diferencia en las vidas de muchas personas por medio de sus diversos ministerios en el mundo. Según las recientes estadísticas, para el año 2014 la Iglesia del Nazareno, excede el número de 2.3 millones de miembros, repartidos en casi 30 mil iglesias y ministrando en más de 135 países del mundo. De esos miembros la mayor parte son de fuera de los EUA y Canadá.

En el área de educación, la Iglesia del Nazareno tiene 52 universidades y seminarios alrededor del mundo con más de 30 mil estudiantes .

En el año 2015 los nazarenos alrededor del mundo aportaron 38.1 millones de dólares para el fondo de Evangelización Mundial (FEM). Este fondo sostiene las actividades misioneras y de evangelismo de la iglesia internacional como publicaciones, envío de misioneros, traducción de literatura en 90 idiomas, construcción de edificios, entre otros.

Algunos de los logros alcanzados en el año 2015 gracias a las ofrendas generosas de los nazarenos y nazarenas alrededor del mundo son los siguientes:

- Misiones Nazarenas Internacionales (MNI) junto a Ministerios Nazarenos de Compasión distribuyó 9.19 millones de dólares para proyectos de respuesta a desastres y compasión de todo el mundo y para apoyar a 11,571 niños a través de Centros de Desarrollo Infantil y programas de Hijos de Pastores. Las iglesias además enviaron 47,430 Kits de Cuidado en Crisis y 15.000 Paquetes Escolares.

- MNI impulsó los proyectos de Trabajo y Testimonio con 2.02 millones de dólares para desplegar 601 equipos, un promedio de 12 equipos por semana. 8,484 personas participaron en Trabajo y Testimonio en 2015, donando horas equivalentes a 281 años de trabajo.

- Las iglesias del Nazareno alrededor del mundo operaron 1,305 escuelas a nivel preescolar, primario, y secundario con una matrícula total de 148,811 estudiantes.

Con la continua fidelidad de Dios, la Iglesia del Nazareno está trabajando en todo el mundo para alcanzar la visión de crecimiento para el año 2020 (Visión 2020) que consiste en llegar a 3.5 millones de miembros y más de 50 mil iglesias.

Referencias

(1) Avivamiento: Despertar espiritual profundo realizado por Dios en las vidas de las personas.
(2) Perfección cristiana: Doctrina de la completa salvación del pecado y la plenitud de la vida cristiana realizada por Dios sobre los creyentes. Conocida también como "entera santificación".
(3) Metodismo: Movimiento evangélico fundado por Juan Wesley. Su nombre proviene de lo metódico de la devoción de sus miembros, el servicio a los necesitados, entre otros.
(4) Pietista: Movimiento de renovación espiritual de los siglos XVII. Es conocido como "la religión del corazón".
(5) Arminiano: Corriente teológica protestante enseñada por Jacobo Arminio (siglo XVI y XVII). Wesley retomó y amplió la línea de pensamiento arminiana.

Bibliografía

Du Bois, Lauriston J. Guidelines for Conduct. An Introduction to the General Rules of the Church of the Nazarene. Beacon Hill Press: Kansas City, 1970.

Dunn, Samuel L. Opportunity Unlimited: the Church of the Nazarene in the year 2000. Beacon Hill Press: Kansas City, 1961.

Hamlin, Howard H. Let's Look at Our Church. Nazarene Publishing House: Kansas City, 1960.

Iglesia del Nazareno. Manual 2013-2017. CNP: USA, 1997.

Johnson, Jerald D. The International Experience. Beacon Hill Press: Kansas City, 1982.

Metz, Donald S. Some Crucial Issues in the Church of the Nazarene. Wesleyan Heritage Press, 1994.

Price, Ross E. Nazarene Manifesto. Beacon Hill Press: Kansas City, 1968.

Purkiser, W.T. Called Unto Holiness. Vol II. Beacon Hill Press: Kansas City, 1983.

Redford, M.E. Surge la Iglesia del Nazareno. CNP: Kansas City, 1972.

Taylor, Mendell, Handbook of Historical Documents of the Church of the Nazarene, tesis.

Smith, Timothy L. La Historia de los Nazarenos - Los Años Formativos. Vol. I. CNP: Kansas City, s/f.

Young, Bill Sucedió en un Pueblito. CNP: Kansas City, 1972.

COMO VIVE UN CRISTIANO LLENO DEL ESPIRITU

Ulises Daniel Solís

Introducción

Uno de los muchos beneficios de ser cristiano es el bendito privilegio regalado por Jesucristo de vivir libres de todo pecado y con gozo en medio de un mundo donde hay mucha maldad y sufrimiento.

La vida santa es una vida gozosa la cuál es producto de la experiencia cristiana de haber entregado todo nuestro ser al Señorío de Jesucristo y de haber sido liberados de todo egoísmo (también llamado viejo hombre). Esta es una vivencia muy íntima y real que no se altera ni aun cuando estamos en medio de las mayores tormentas de la vida diaria. Este gozo es producto de una nueva relación que el cristiano disfruta con Cristo y de ser lleno del poder del Espíritu Santo (Efesios 4:17-24).

Por supuesto, que ser llenos del Espíritu Santo de Dios es el más grande honor y privilegio que un ser humano puede disfrutar en esta vida. Sin embargo conviene tener presente que todo privilegio viene acompañado también de compromiso. Es sobre algunas de estas responsabilidades y privilegios para la vida diaria, que comparten los miembros de la iglesia del Nazareno alrededor del mundo, que trataremos a continuación.

La vida cristiana es diferente

En primer lugar, todo cristiano que pertenece a la familia de Dios debe ser conciente de que la presencia divina habita en su ser por medio del Espíritu Santo (1 Corintios 6:19-20).

Este Espíritu de Dios que habita en el creyente es "santo". Esto implica que un cristiano verdadero debe alejar de su vida toda palabra, pensamiento o acción pecaminosa, puesto que éstas corrompen su genuina relación con Dios (1 Corintios 15:33; 2 Corintios 6:14-18). Todo discípulo auténtico de Jesucristo debe seguir siempre su ejemplo. Él voluntariamente fue obediente a su Padre y buscó agradarle en todo y esto es lo mismo que Jesús espera de todos sus seguidores (Mateo 16:24; Lucas 22:42).

En segundo lugar, el nuevo creyente lleno del Espíritu de Dios debe vivir un estilo de vida santo, pero no debe hacerlo como una carga u obligación. Es un privilegio vivir en santidad aún en medio de una cultura postmoderna que intencionalmente está ignorando los principios y valores éticos que Dios nos ha dado en su Palabra. Sólo hijos que vivan en santidad pueden servir a un Dios que es Santo (1 Pedro 1:16).

¿Qué es la ética cristiana?

La ética es aquella rama de la ciencia filosófica cuyo interés es determinar lo que es bueno y correcto. La ética cristiana es una rama especializada de la ética que busca encontrar respuestas en la Biblia. La ética cristiana nos ayuda a conocer cuáles son nuestros deberes hacia Dios, hacia nosotros mismos y hacia los demás. Sus normas nos guían para nuestro bien y para el beneficio de los demás.

Una de las secciones bíblicas que resume las demandas éticas de Dios para los seres humanos son los diez mandamientos que recibió Moisés en el monte de Sinaí, para el pueblo de Israel (Éxodo 20:3-17). Estos diez mandamientos proveen una guía muy valiosa para que los creyentes vivan en santidad con Dios y con sus semejantes.

Para el creyente lleno del Espíritu, su modelo en este mundo es Jesús quien nos enseñó una norma ética que resume todas las demás: *"Así pues, hagan ustedes con los demás como quieran que los demás hagan con ustedes; porque en eso consiste la ley y los profetas"* (Mateo 7:12 DHH). Si todos los cristianos del mundo obedecieran esta norma de ética cristiana al ciento por ciento se acabarían muchos de los problemas que aquejan a las iglesias y a nuestras comunidades.

¿Cuáles son algunas de las conductas éticas que deben identificar a los cristianos nazarenos?

1. Su vida es la de una persona que es habitada por el Espíritu de Dios y por lo tanto tienen las características que distinguen a la familia de Dios.

2. Asiste regularmente a la Iglesia del Nazareno y se involucra voluntariamente en los ministerios, como producto de su gratitud y la divina presencia en su corazón (Hechos 1:8).

3. Su estilo de vida reflejará su santidad. Hay una ruptura decisiva con toda práctica pecaminosa debido a que su pureza interior las rechaza (San Juan 17:14).

4. Busca relacionarse con otros cristianos para adorar a Dios o realizar buenas obras para beneficiar a la gente de la comunidad.

La vida cristiana es para compartir en la comunidad de fe

En la Biblia encontramos pautas concretas para afirmar nuestra fe en Cristo que producen confianza y paz para nuestro diario vivir, en ella encontramos hermosas recomendaciones como las siguientes:

"...mantengamos firmes, sin dudar, en la esperanza de la fe que profesamos, porque Dios cumplirá la promesa que nos ha hecho. Busquemos la manera de ayudarnos unos a otros a tener más amor y a hacer el bien. No dejemos de asistir a las reuniones como hacen algunos, sino que animémonos los unos a los otros... (Hebreos 10:23-25 DHH).

En la iglesia local tenemos la oportunidad de dar apoyo a otros y de encontrar hermanos llenos de amor que nos animarán a seguir adelante en medio de las presiones sociales y económicas. En ella encontramos el cuidado pastoral y la oportunidad de servir y desempeñar cualquier ministerio cristiano. Además podemos encontrar enseñanza de la Palabra donde Jesús nos conforta y nos estimula a perseverar en la fe cristiana. Veamos unos ejemplos de éstos pasajes:

- *"No tengan miedo ovejas mías; ustedes son pocos, pero el Padre, en su bondad, ha decidido darles el reino"* (Lucas 12:32 DHH).

- *"No se preocupen. Confíen en Dios y confíen también en mí"* (San Juan 14:1-3 TLA).

- *"Les dejo la paz. Les doy mi paz, pero no se la doy como la dan los que son del mundo. No se angustien ni tengan miedo"* (San Juan 14:27 TLA).

Lo cristianos primitivos se reunían el primer día de la semana (domingo) para orar y estudiar las enseñanzas de Cristo (Hechos 2:42). Ellos experimentaron el gozo de ser salvos del pecado y la alegría que demostraban era un testimonio del gozo interior que el Espíritu les había dado. Por eso, si usted es un/a cristiano/a que goza de la bendición de ser lleno del Espíritu, con gozo comparta y proclame el evangelio y la santidad cristiana en forma atractiva. Porque un cristiano triste permanecerá estéril y sin fruto.

Un cristiano además de reflejar un buen testimonio a sus semejantes, también debe ser un ejemplo de conducta en todas las áreas de la vida.

Los cristianos evitan prácticas y costumbres dañinas

Todo creyente lleno del espíritu es llamado a regirse por tres principios:

a) *La mayordomía cristiana del tiempo libre.* Un cristiano lo es en todo tiempo y lugar. Los miembros de la Iglesia del Nazareno (1) alrededor del mundo se han puesto de acuerdo en poner en práctica el criterio bíblico para vivir una vida equilibrada en el tiempo libre. Para ello es importante evitar las actividades que lleven o promuevan directa o indirectamente el pecado y la maldad. Ejemplo de ello son: los juegos de lotería o apuestas de cualquier clase, consumo ó venta de bebidas alcohólicas y drogas, asistir a conciertos y salones de baile donde se promueva la vida pecaminosa, ver películas o leer libros o revistas o páginas de internet indecentes, asistir a reuniones que promuevan la forma de vida pecaminosa, entre otros (1 Corintios 6:12; 10:23,31; 1 Tesalonicenses 5:21-22; 1 Timoteo 6:6-11).

b) *Aplicar las más altas normas morales* de la vida cristiana al seleccionar los entretenimientos para nosotros y nuestra familia. Debido a que vivimos en días de gran confusión moral, de manera sutil las formas de maldad y pecado se introducen en nuestros hogares usando herramientas tales como: TV, literatura, el Internet, teléfonos celulares, etc. Estos no son medios malos en sí mismos pero si no se usan con responsabilidad llegan a destruir la vida de las personas y las familias. El cristiano debe de preferir entretenimientos sanos que no sean contrarios a los valores bíblicos y a una vida santa en cuerpo, espíritu y mente (1 Pedro 1:13-17).

c) *Es responsabilidad de todo creyente nazareno testificar* contra todo aquello que ofenda a Dios ó blasfeme contra él. Así mismo debe levantar su voz contra los males sociales, como la injusticia y la violencia. Debe rechazar las formas de promoción de la sensualidad y el sexo ilícito, el uso de lenguaje obsceno, la difusión del ocultismo, y el amor a las cosa materiales, entre otros. Todas estas prácticas menoscaban la norma divina de santidad de corazón y vida (1 Tesalonicenses 4:1-8).

El matrimonio y la familia ▬▬▬▬
no son productos desechables

El matrimonio no es invento del hombre ni de la ciencia, tiene origen divino porque fue instituido por Dios en el jardín del Edén, donde creó únicamente dos sexos, hombre y mujer. Por lo tanto creemos que el matrimonio es sagrado y permanente. También goza de la aprobación apostólica pues en Hebreos 13:4 dice: *"Todos deben considerar el matrimonio como algo muy valioso. El esposo y la esposa deben ser fieles el uno al otro, porque Dios castigará a los que tengan relaciones sexuales prohibidas y sean infieles en el matrimonio".*

Como cristianos renovados a la imagen de Dios por su gracia, cada Nazareno debe valorar la conveniencia del matrimonio, y su importancia para la sociedad y la iglesia. Por lo que es conveniente contraerlo después de haber orado fervientemente pidiendo la dirección divina. Cuando la pareja tiene la seguridad de que esa unión es voluntad de Dios, es conveniente pedir al Pastor consejería prematrimonial donde tendrán oportunidad de reflexionar en la seriedad de este compromiso. El paso siguiente es la boda donde los novios solicitan la bendición de Dios, habiendo entendido que el matrimonio es para el compañerismo santo, la paternidad, y el amor mutuo hasta que la muerte los separe.

Es importante reconocer que ningún matrimonio es perfecto, comienza con un período de ajustes hasta llegar a la estabilidad matrimonial y que la presencia de Dios en el hogar es imprescindible para ayudarles a salir victoriosos de las pruebas o situaciones difíciles. Para estos momentos de crisis es conviene tener presente lo siguiente:

1. Cuando hayan problemas serios, los cónyuges deben buscar en oración ferviente la dirección y orientación divina.

2. Buscar el consejo y guía del Pastor o su guía espiritual que debe ser un cristiano maduro y confidente.

3. Tener siempre presente que la Biblia enseña que el matrimonio es un compromiso mutuo de por vida entre un hombre y una mujer, y refleja el amor sacrificial de Cristo por la iglesia (Efesios 5:25-33; Génesis 2:21-24).

4. Recordar siempre que el voto matrimonial es moralmente obligatorio mientras ambos cónyuges vivan y romperlo es una desobediencia al plan divino

de la perpetuidad matrimonial (Romanos, 7:1-3).

5. Debido a la ignorancia y flaqueza humanas, algunas personas rompen su compromiso de fidelidad matrimonial. Creemos que Cristo en su infinita gracia perdonadora puede restaurar sus vidas, siempre y cuando estas personas, busquen con arrepentimiento sincero, fe y humildad el perdón divino y de su pareja (1 Juan 1:7-9; 2:1-2).

6. El divorcio es una clara violación a la enseñanza de Cristo, por lo que se anima a cada cónyuge a cuidar su relación espiritual con Cristo para evitar caer en semejante situación. Sin embargo las personas divorciadas no están fuera del alcance del amor perdonador de Dios (Mateo 19:3-10; Malaquías 2: 13-16).

7. Es responsabilidad de los cónyuges mantener la armonía matrimonial, desarrollando devocionales familiares con el propósito de salvaguardar sus matrimonios. Matrimonios bien consolidados y unidos conforman una iglesia del Nazareno unida y de buen testimonio, a fin de poner siempre en alto el buen nombre de Cristo (Salmo 34:11-15).

El cristiano lleno del Espíritu se opone a la muerte y a la violencia en cualquiera de sus formas

Los nazarenos creemos que la vida es sagrada desde el momento de su concepción en el vientre materno y que es un regalo de Dios nuestro creador.

Por lo tanto todo nazareno debe oponerse al aborto inducido por cualquier medio, cuando sea utilizado por conveniencia personal o para control poblacional (Salmo 139:13-16).

También debemos oponernos a la aprobación de leyes que autorizan el aborto, considerando que son muy pocos los casos en que los médicos diagnostican que la madre o el niño aún no nacido corren peligro de no sobrevivir al parto (Éxodo 20:13).

La oposición responsable al aborto demanda de la iglesia y el creyente lo siguiente:

1. Educar y orientar a nuestros feligreses programando actividades especiales para la familia en las iglesias locales para impartir talleres, de preferencia por

médicos cristianos, sobre la importancia de los embarazos planificados y sobre lo sagrado de la vida como un regalo de Dios (Oseas 4:6).

2. Elaborar e iniciar programas sociales en las iglesias del Nazareno para el cuidado de madres y niños que lo necesiten (Gálatas 6:9-10).

3. Proveer a nuestra juventud un ambiente de amor, confraternidad y consejería sobre lo sagrado del matrimonio y su importancia dentro del plan divino, para no caer en crisis de embarazos no deseados (Éxodo 20:14; Hebreos 13:4).

4. Los embarazos no deseados, perfectamente pueden evitarse si ponemos en práctica los principios bíblicos y la ética de la vida cristiana del Nuevo Testamento (1 Tesalonicenses 4:1-8).

El cristiano lleno del Espíritu y la sexualidad

Los nazarenos creemos que la sexualidad humana es una expresión de la santidad y belleza que Dios el creador proveyó a su creación.

Por lo que cada creyente debe estar profundamente agradecido con su Creador por el sexo que ha recibido al nacer, con el entendido que únicamente dos sexos fueron creados por Dios: hombre y mujer.

Por medio del sexo se expresa y sella el pacto entre el esposo y la esposa, teniendo presente que la sexualidad puede y debe ser santificada por Dios. Además es necesario considerar los siguientes aspectos sobre la sexualidad:

1. La sexualidad humana se realiza plenamente en el matrimonio como una señal de amor y lealtad totales (1 Corintios 7:3-5).

2. Los cónyuges cristianos deben considerar la sexualidad como un compromiso de entrega exclusiva y de fidelidad mutua, de la misma manera en que cada uno, individualmente ha prometido fidelidad exclusiva a Cristo (Mateo 6:25-34; Lucas 12:15).

3. El hogar cristiano debe convertirse en la primera escuela donde debemos enseñar a nuestros hijos la perspectiva

cristiana sobre la sexualidad (Génesis 1:26-28).

4. Todo creyente unido en matrimonio está comprometido con Cristo a evitar la traición a los votos matrimoniales y procurará poner en alto la excelencia de la vida matrimonial.

5. La sexualidad no cumple su propósito divino, cuando se usa para satisfacer deseos egoístas, sean estos lucrativos como la prostitución, pornografía; o para dar satisfacción a los deseos sexuales de manera perversa o antinatural (como sexo con niños, homosexualidad, lesbianismo, sexo con animales, entre otros).

6. Toda práctica sexual fuera del matrimonio, es una desviación pecaminosa y peligrosa que daña la santidad y belleza que Dios se propuso darle a las relaciones sexuales.

7. La homosexualidad es una perversión de la genuina sexualidad humana, y el remedio prescrito por su Palabra para poner fin a esta práctica es el arrepentimiento que busca la gracia perdonadora de Dios (Romanos 1:26-27; 1 Corintios 6:9-11; 1 Timoteo 1:8-11).

8. Finalmente es recomendable que los Pastores, personal idóneo, médicos o líderes profesionales de las iglesias, desarrollen talleres con fines didácticos para las familias, sobre la educación sexual, sus verdades y sus mentiras a la luz de la Palabra.

Conclusión

Como dijimos al principio la vida del creyente lleno del Espíritu es una llena de privilegios, bendiciones y promesas, pero también nos lleva a tomar un compromiso serio de vivir en santidad siguiendo el ejemplo de Jesús. La ética cristiana nos enseña en el Antiguo y Nuevo Testamento que un creyente santificado, es aquel que ama con toda su mente y corazón a Dios y a su prójimo (Marcos 12:30-31, Deuteronomio 6:5). (2)

Debemos tener presente que este estilo de vida santa agrada a Dios y produce muchos beneficios saludables para nuestra vida y la de todos aquellos que nos rodean.

Dios tiene suficiente gracia en Cristo para capacitar, fortalecer y afirmar a cada uno de sus hijos que se comprometa a vivir una vida santa que traiga honra, gloria y alabanza a nuestro Creador. A Él sea la gloria por los siglos de los siglos. Amén.

Referencias

(1) Manual 2013-2017, Iglesia del Nazareno, pp. 44-47.

(2) Juan Wesley. La perfección Cristiana. Kansas City: CNP 1986, pp. 32.

Bibliografía

Iglesia del Nazareno. Manual 2013-2017. CNP:USA, 2014.

Taylor, Richard S.; Grider, J. Kenneth; Taylor.   Willard H. Diccionario Teológico Beacon. CNP: Kansas City, 1995.

Wesley, Juan. La perfección Cristiana. CNP: Kansas City, 1986.

Nota

Los pasajes bíblicos transcriptos han sido tomados de la versión Dios Habla Hoy (DHH) y de la Versión en Lenguaje Actual (TLA) publicadas por Sociedades Bíblicas Unidas.

COMPARTIENDO A CRISTO CON MI FAMILIA Y AMIGOS

Juan Manuel Fernández

Introducción

Dios ha hecho un cambio en tu vida. La experiencia de la salvación es la más maravillosa que puede experimentar cualquier ser humano. Por eso, Dios nos dice claramente en su Palabra que Él mandó a su Hijo a este mundo "para que todo aquél que en Él crea, no se pierda mas tenga vida eterna" (Juan 3:16). Dios quiere que todos los seres humanos puedan alcanzar la salvación (2 Pedro 3:9), y ¿adivina qué? ¡Tú eres la persona que Dios quiere y puede usar para llevarle la luz a muchas de personas que hoy viven en tinieblas!

Dios llama a sus hijos e hijas a diferentes tareas. A algunos les pide que sean pastores y maestros, a otros les pide que sean músicos o líderes en otras áreas, ¡pero Dios nos llama a todos a evangelizar (Mateo 4:19)! Cuando Cristo partió a reinar con su Padre el dejó una gran misión a todos sus seguidores: "Id, y haced discípulos a todas las naciones, bautizándolos en el nombre del Padre, del Hijo y del Espíritu Santo" (Mateo 28:19). Esta es nuestra vocación, la de todos los que conformamos la Iglesia de Cristo: contarle a otras personas acerca de Él.

Esta es la tarea más importante en la que cualquier cristiano pueda invertir su tiempo y las habilidades que Dios le ha regalado (dones del Espíritu). Si tu corazón ha sido tocado por Dios y sientes inquietud en prepararte para compartir la vida de Cristo a otros, el primer paso es entregar tu vida en oración al Señor para que seas usado en el poder del Espíritu Santo (consagración) y puedes expresar a tu pastor tu deseo de involucrarte en el plan de evangelismo de la iglesia local.

Este folleto te desafiará a que como nuevo creyente comiences desde ya, a ganar a otros para Cristo, y queremos contarte las formas sencillas en las que puedes testificar a tus amigos y familiares de lo que Cristo ha hecho en su vida.

¿Por qué tenemos que hablarle a otros de Jesús?

Ya hablamos acerca del hecho de que Dios nos llama a todos a evangelizar, en otras palabras, a hablar a otros acerca de Jesús. Pero a pesar de saber esto, a veces nos vienen algunas dudas, por ejemplo:

1. *"Yo no puedo evangelizar porque soy muy nuevo en el cristianismo y la gente conoce lo pecaminosa que ha sido mi vida en los últimos años".*

La Biblia relata la historia de Pablo. En el libro de Hechos, tú puedes leer la historia de su conversión.

Pablo era el principal perseguidor de los primeros cristianos. Después de su conversión Pablo inmediatamente se entregó por completo a la obra de Dios, se puso a disposición de los líderes de la Iglesia de aquel entonces y empezó a testificar de lo que Dios había hecho en su vida (Hechos 9:1-20). No veas el hecho de ser un nuevo convertido como una desventaja, por el contrario esta es una ventaja. Tú estás experimentando un cambio radical en tu vida, y este es el mejor momento para mostrar a tu familia y amigos el cambio que está ocurriendo.

Marco Antonio, un nuevo creyente que vive en las afueras de Ciudad Quesada (al norte de Costa Rica), se convirtió en el año 2000, luego de más de 30 años de llevar una vida sumergida en el pecado. Había cometido hechos atroces, incluyendo varios asesinatos. Llegó a tal punto que todos los habitantes de su barrio temían simplemente mirar a Marco Antonio porque sabían que era un hombre malvado. Pero un día Dios cambió la vida de Marco Antonio, y el comenzó a vivir una vida nueva. Cuando él le hablaba a otros acerca de Cristo, muchos no le creían y le tenían miedo, pero después de un tiempo, las personas se dieron cuenta de que el cambio en la vida de Marco Antonio era real y muchas personas aceptaron a Cristo a través de su testimonio en los meses después de su conversión.

Dios puede utilizar tu vida ahora para alcanzar a otros para su reino, ¡no desperdicies esta oportunidad!

2. *"Yo quisiera poder decirle a otros lo que Dios ha hecho en mi vida, pero no soy bueno para hablar y además soy muy joven".*

En la Biblia vemos varios ejemplos de personas que tenían impedimentos para el habla o que simplemente no eran buenos oradores, o que eran muy tímidos para compartir el mensaje de Dios con otros.

Moisés, uno de los grandes líderes del Antiguo Testamento tenía un impedimento de este tipo. Por eso, Dios envió a Aarón para que le ayudara a comunicarse. Si tienes un impedimento similar, Dios puede utilizarte. ¿Cómo? Lleva a un amigo cristiano contigo y visita a tus amigos y familiares no cristianos. Te sorprenderá lo que Dios puede hacer.

En la palabra de Dios, también vemos el ejemplo de Jeremías, un profeta que tenía miedo de testificar por ser muy joven. Dios tocó sus labios y todas sus dudas fueron quitadas y el se convirtió en uno de los más grandes profetas del Antiguo Testamento. Nuestro Dios es todopoderoso y dueño de todas las cosas. Su Palabra dice que si oramos con fe, él concederá nuestras peticiones. Pídele a Dios que te ayude a ser de bendición a otros llevándoles su mensaje, y que quite cualquier atadura que te impida hacerlo.

3.*"Estoy dispuesto a hablarle a mi familia de Cristo, pero ellos están tan lejos de Él que nunca van a cambiar".*

Ésta es una de las más grandes mentiras que Satanás utiliza para impedir que los hijos de Dios lleven el mensaje divino a otros. El Diablo es nuestro enemigo y no quiere que nosotros le llevemos el mensaje de Salvación a otras personas, por eso el tratará de plantar dudas en nuestras mentes para evitarlo. La Biblia nos asegura que todo aquel que ore con fe, y crea en Cristo Jesús será salvo y sus pecados serán perdonados. Así como Dios perdonó tus pecados, Él también quiere perdonar los de tus familiares y amigos.

¿Cuál es la mejor manera de hablarle a otros de Cristo?

Ahora que eres un miembro de la familia de Dios es hora de empezar a hablar a otros acerca de Cristo. Hay dos factores claves cuando se trata de hablarle a otras personas de Jesús: El testimonio y la comunicación.

1. El testimonio.

Una de las formas más eficientes de presentar el evangelio. Es cuando un discípulo se convierte en un ejemplo de lo que Cristo puede hacer con la vida de un creyente y de este modo, lo testifica a familiares, amigos y conocidos. Las Escrituras dicen que un buen testimonio se basa en una vida que refleje la llenura del Espíritu Santo. Puedes alcanzar a ese amigo o a ese compañero de trabajo con el cual no tienes la suficiente confianza aún para hablarle de Cristo por medio de tu testimonio. La persona notará el cambio y te preguntará ¿qué es lo que te ha ocurrido? Cuando ha llegado a este punto la persona estará muy receptiva al mensaje del evangelio.

2. La comunicación.

Si bien es importante transmitir a Cristo por medio del ejemplo, no deja de ser importante nuestra comunicación oral con la otra persona. La Biblia nos asegura en Isaías 55:11... *"mi palabra que sale de mi boca, no volverá vacía, sino que hará lo que yo quiero y será prosperada en aquello para que la envié."* Por lo tanto, la Palabra de Dios, afirma que un versículo bíblico es mucho más poderoso que todas las palabras que podamos decir, por más que seamos los mejores oradores. Por lo tanto es clave, que cuando hables con alguien acerca de Cristo, cites frecuentemente a la Biblia.

Hay cinco verdades bíblicas importantes de transmitir cuando hablamos a otros de Cristo.

a. *Dios te ama y quiere que seas salvo:* Dios nos ama desde la eternidad (Jeremías 31:3) y por eso envió a su Hijo a morir por nosotros (Juan 3:16). El tiene un plan para todos los que le aceptan como Salvador (Juan 10:10).

b. *El pecado nos separa de Dios:* ¿Por qué no todos aceptan a Cristo como Salvador? Esto se debe al pecado. La Biblia nos dice que todos somos pecadores (Romanos 3:23) y por eso, estamos separados de Dios. Debido al pecado el hombre pierde la relación con Dios y se condena a la muerte (Romanos 5:12). El hombre fue creado por Dios como un ser bueno, para que tenga compañerismo con Él, pero fue el mismo hombre quien pecó y causó su separación de Dios (Génesis 3) trayendo para sí dolorosas consecuencias. Debido al pecado es que el mundo está como está hoy en día: lleno de maldad, robos, asesinatos, etc.

c. *Cristo murió para borrar nuestros pecados:* Pero Dios, en su infinita misericordia, mandó a su Hijo Jesucristo a morir por los pecados del hombre. La palabra de Dios nos dice que *"la paga del pecado es la muerte"* (Romanos 6:23) por lo tanto el fin de todo hombre y mujer es la muerte pues todos sin excepción han cometido pecado. Jesús murió en nuestro lugar, tomó el lugar del pecador, que estaba destinado a la muerte eterna, y le dio la oportunidad de tener VIDA eterna.

d. *Cristo es el único camino de salvación:* Gracias al sacrificio de Cristo el ser humano solo necesita hacer una simple oración de fe para recibir el perdón de sus pecados y la vida eterna. Jesucristo hizo esto posible, y por lo tanto Él es el Salvador, y el único camino para ser restaurados al compañerismo con Dios. Cristo dijo: *"Nadie llega al Padre sino por mí"* (Juan 14:6).

e. *Podemos aceptar estas cosas por medio de la fe* (Efesios 2:8-9). La oración de arrepentimiento debe hacerse con fe. Si creemos que Cristo es el Salvador y que nos limpia de todo pecado, recibimos vida eterna por la fe. Fe es creerle a

Dios, depositando toda nuestra confianza en Jesucristo. La salvación no puede alcanzarse por mérito propio o por hacer lo bueno. Dios regala la vida eterna a todo aquel que hace esta oración y sigue a Jesucristo, convirtiéndose en su discípulo.

Si has hablado con un amigo y le explicaste estos cinco pasos, entonces puedes hacer la gran pregunta: ¿Te gustaría recibir a Cristo en tu vida?

Si la persona dice que no, o que aún no está preparada, agradécele y continúa orando por ella.

Si la persona responde que sí, todo lo que queda por hacer es repetir una breve oración en la cual es importante volver a hacer un resumen de los cinco puntos que se mencionaron. La oración debe hacerse lentamente, permitiendo a la otra persona que repita las palabras. He aquí un ejemplo:

"Jesucristo, yo entiendo que tu me amas y que moriste en la cruz para limpiar mis pecados. Yo soy un pecador/a, y no hay nada que pueda hacer para ser limpio de la culpa de mi pecado. Jesucristo, tú eres el Salvador y el único camino al Padre. Te pido que perdones mis pecados y me des una nueva vida de compañerismo contigo. Gracias por la obra que tú vas a hacer en mi vida a partir de hoy. Amén".

¡Felicitaciones! Si has hecho esta oración con otra persona acabas de ser utilizado por Dios para traer la salvación a otro ser humano. ¡En este momento hay celebración en los cielos!

Puedes dar seguridad a la persona permitiéndole que lea lo que Cristo le dice en respuesta a su oración en Juan 6:47: "De cierto, de cierto os digo: El que cree en mi, tiene vida eterna."

Luego es importante que lo animes a incorporarse a una clase o grupo de discipulado, o puedes discipularlo tú mismo usando las lecciones: "Nueva vida en Cristo" que puedes conseguir con tu pastor local. Mas adelante encontrarás más recomendaciones para cuidar que este nuevo bebé en Cristo sea guiado en su crecimiento.

¿Cómo escojo el mejor momento para hablarle a alguien de Cristo?

Hay muchas cosas que pueden influir en la respuesta que va a tener una persona cuando se le presenta el mensaje de salvación.

1. Oración

La oración es parte clave del evangelismo. Si quieres hablarle a alguien de Cristo, ya sea un familiar, un amigo, o una persona que encuentras por primera vez, es vital que tengas un tiempo de oración previo, y le pidas a Dios que haga Su voluntad. Si oras por varios meses antes de hablar con una persona, te aseguro que obtendrás un mejor resultado que si simplemente improvisas. Esto no quiere decir que si no oras por varios meses por alguien esta persona no se va a convertir. No dejes de ser espontáneo y aprovechar los momentos que se te presentan para evangelizar, pero trata de orar lo más posible acerca de las personas que Dios ha puesto en tu corazón alcanzar para su reino. Si tienes un trabajo en el que conoces a mucha gente todos los días, entonces ora pidiendo a Dios por las personas que conocerás el próximo día laboral, para que Él pueda tocar sus corazones desde ya. La oración es el arma más poderosa para traer a las personas a los pies de Jesús.

2. Obras de compasión

Las obras de compasión son todas aquellas acciones a través de las cuales los cristianos mostramos el amor de Cristo en una forma tangible y desinteresada. Si has estado orando por un vecino, demuestra el amor de Dios antes de presentarle el evangelio: regálale un almuerzo, invítalo a cenar, ayúdale con su jardín o a lavar su automóvil, etc. Busca alguna necesidad específica y, siempre que sea posible, súplela sin esperar nada a cambio.

Cuando la gente recibe ayuda desinteresada, está recibiendo el toque del amor de Dios y sus oídos estarán más receptivos a escuchar sobre Jesús.

3. Momentos de buena receptividad

Todas las personas atraviesan etapas de su vida en las que están más receptivas al mensaje del evangelio. Si oras, haces obras de compasión y también aprendes a reconocer estos momentos de buena receptividad, multiplicarás las oportunidades de que una persona acepte a Cristo como su Señor y Salvador.

Los momentos de mayor receptividad se pueden dar en tiempos de cambio personal o familiar (matrimonio, nacimiento de un hijo, un trabajo nuevo, mudanza, etc.); en tiempos de crisis o pérdida (muerte, enfermedad o accidente, divorcio o tensiones matrimoniales, revés económico, etc.); o también en tiempos de tensión social (recesión, catástrofes naturales, guerra, crimen, violencia, entre otros).

4. Identificación con el receptor

Va a ser muy difícil que una persona que vive en la calle y se viste con andrajos sea evangelizada por un alto ejecutivo en un automóvil de último modelo y vistiendo un traje costosísimo. Igualmente va a ser difícil para una persona que no terminó su educación primaria evangelizar a un profesional. Los mejores resultados en evangelismo personal lo tienen las personas que testifican a aquellos con los cuáles tienen mucho en común. Es por eso que para tus amigos y familiares, o para aquellos con quienes compartes tiempo cada día, tú eres el mejor evangelista del mundo. Tú sabes cuáles son sus necesidades, sus esperanzas, sus angustias y tu tienes a Cristo, ¡tu tienes el mensaje de esperanza que ellos necesitan!

5. Relación con el receptor

Si le hablas de Jesús a una persona que encuentras por primera vez en la calle, la cual no te conoce, va a ser mucho más difícil lograr que ésta acepte a Cristo que cuando le hablas a alguien con quien tienes mucha confianza. Un mejor amigo, un hijo, un padre, un conocido de muchos años, son personas a las que puedes evangelizar más fácilmente, debido a que están dentro de tu círculo de influencia. Es preferible que evangelices a estas personas primeramente, antes de aventurarte a evangelizar desconocidos.

¿Cómo le hablo de Cristo a alguien que no quiere saber nada al respecto?

Es difícil presentar a Cristo a personas que tienen el corazón endurecido. En el mundo de hoy, donde se habla tanto de Cristo a través de los medios de comunicación, hay muchas personas que han cerrado su corazón de tal manera que es virtualmente imposible llegar a ellos.

Lo mejor que se puede hacer por estas personas es orar, pidiéndole a Dios que toque sus corazones, y que te ayude a discernir el mejor momento para hablarles de Cristo. Tu forma de evangelizar debe variar dependiendo de la persona. Hay algunos casos en que la insistencia en hablar de Cristo es lo mejor, hay otros en que esto sólo empeorará las cosas. Pide a Dios sabiduría en oración, así como lo hizo Salomón, y Él te guiará a hacer lo correcto. Algunos hermanos de la iglesia con más experiencia en evangelismo pueden darte valiosos consejos también.

¿Qué otros métodos puedo utilizar para hablarle a otros de Cristo?

En un continente como el americano, donde el cristianismo crece tres veces más rápido que la población, el Señor nos ha dado muchas armas y métodos para alcanzar más personas para su reino. Uno de los más efectivos es la película "Jesús."

La película "Jesús" se ha proyectado desde el año 1979, para el año 2005 se estimaba que la han visto más de cuatro y medio billones de personas, y más de cien millones de personas habían aceptado a Cristo por medio de ella. Existen traducciones de la película "Jesús" en casi ochocientos idiomas (1).

Todo lo que debes hacer es orar por la persona por un tiempo y luego invitarla a ver la película o prestarle el video. Al final, el filme incluye una invitación para aceptar a Cristo.

Otro recurso para evangelismo es el Cubo Evangelístico. Este Cubo tiene siete lados, y cada uno tiene un dibujo de va presentando el mensaje de salvación. Este método está dando también resultados muy buenos. En Agosto de 2002, en la Ciudad de Guatemala, unas 350 personas recibieron a Jesucristo en una semana. El Cubo no es mágico, solamente, es un recurso para que la gente pueda animarse a hablar del evangelio con facilidad. Mucha gente que nunca habló el evangelio del Jesucristo en sus vidas, pudo hacerlo usando el Cubo (2).

Estos son solo ejemplos de algunas herramientas que puedes usar para alcanzar a otros para Cristo. Lo importante es que uses toda tu creatividad a fin de llegar de la mejor manera a las personas.

Mi amigo aceptó a Cristo, ¿y ahora que?

Si tu amigo o familiar aceptó a Cristo, acaba de empezar la experiencia más maravillosa de su vida, al igual que tu lo has hecho un tiempo atrás. Ahora él es un miembro de la familia de Dios. Ahora él es un nuevo discípulo de Cristo, y ¿quién mejor que tu para discipularlo?

Lo mejor que puedes hacer para ayudarle a crecer en su nueva vida es darle la primera lección de discipulado "Nueva Vida en Cristo" (3) en los días siguientes, dentro de las 48 horas de hacer esta oración. Si es en su casa es mucho mejor, puesto que dará oportunidades para que su familia también escuche el mensaje del evangelio, o se interesen en un estudio bíblico. Este es también el mejor método para iniciar misiones nuevas en las casas de los nuevos creyentes.

Con el plan de lecciones "Nueva Vida en Cristo", los nuevos creyentes pueden ser preparados para el bautismo en pocas semanas y continuar en el discipulado para llegar a ser miembros de la iglesia.

Lo mejor que tú puedes hacer por tus amigos y seres queridos es integrarlos a la familia de Dios. Invitarlos a los servicios de tu iglesia y presentarlos con el pastor y otros hermanos será parte de tu responsabilidad como hermano mayor en Cristo. Si tú tienes discípulos ahora eres el pastor más cercano de estas personas. Tienes la bendita responsabilidad de cuidarlas y alimentarlas en la Palabra hasta que sean afirmados en Cristo.

Notas

(1) Usted también puede conseguir la película en el internet o a través de su pastor local.

(2) El cubo evangelístico está disponible en las librerías nazarenas de su área o con el coordinador de evangelismo. Su pastor puede darle más información.

(3) Adquiere estas lecciones con tu pastor, o líderes de evangelismo local o distrital o en la librería nazarena más cercana.

RECIBIRÉIS PODER

La pregunta del momento

Los discípulos vinieron a Jesús con esta pregunta: "Señor, ¿restaurarás el reino a Israel en este tiempo?" (Hechos 1:6). Ellos insistieron en obtener una respuesta. La primera parte del versículo es: "Entonces los que se habían reunido le preguntaron, diciendo" (Hechos 1:6). El verbo "preguntaron" está en el tiempo imperfecto, lo que implica que los discípulos le interrogaban repetidamente con esa pregunta y urgían a Jesús a darles la respuesta.

"Y les dijo: No os toca a vosotros saber los tiempos o las sazones que el Padre puso en su sola potestad" (Hechos 1:7). En un sentido literal, Jesús les está diciendo "no se metan en lo que no les importa." La pregunta que hacen está enfocada en el tema equivocado. Los discípulos están preocupados sobre cuándo ocurrirá el evento y eso no es de su incumbencia.

Al reflexionar sobre mi vida de oración, observo ese mismo énfasis en mis oraciones. Quizá yo no sea tan específico como los discípulos, pero tengo la misma actitud en el tono y deseo de mis oraciones. Ese mismo tono está en toda mi relación con Jesús: ¿Cuándo sanará mi cuerpo? ¿Cuándo solucionará mis problemas financieros? ¿Cuándo salvará a mis seres queridos? ¿Cuándo me dará un trabajo nuevo? ¿Cuándo regresará por segunda vez?

Una Pregunta Impropipia

La pregunta de los discípulos es fuerte: "Señor, ¿restaurarás el reino a Israel en este tiempo?" Su pregunta no es solamente "¿cuándo?" sino que demanda que la respuesta sea ya. Este es el énfasis constante en la vida de los discípulos. Ellos discutían sobre quién iba a ser el mayor en el Reino de Dios. Ellos querían que Jesús decidiera inmediatamente (Mateo 18:1; 20:21). En el Monte de la transfiguración, Pedro deseaba construir tres cabañas y establecer inmediatamente lo que él creyó que era el Reino de Dios (Mateo 17:4). Y ahora vienen de nuevo con el ahora como el tiempo correcto.

Esta es la característica de la generación actual. Tenemos hornos de microondas para preparar comida al instante, restaurantes de comida rápida para comprar alimentos precocidos y contamos con capillas para matrimonios instantáneos. Tenemos experiencias instantáneas por medio de la televisión, adquirimos boletos de lotería para hacerse rico de la noche a la mañana e incluso tenemos cambios de aceite en servicio expreso para nuestros automóviles.

En este contexto, deseamos lo mismo en nuestra experiencia espiritual con Cristo. No deseamos que el culto de adoración se extienda por más de una hora. ¡Debe mantenerse al mínimo necesario! No queremos una investigación larga y profunda de la Palabra de Dios, decimos que por favor sólo nos cuenten una historia. Nuestros libros devocionales son hechos para ver la Biblia rápidamente, para que no tome mucho tiempo. Queremos ser tan espirituales como Jesús, pero a la carrera. Me temo que este es un modelo diabólico.

El Tiempo De Dios

La tentación de Jesús en Mateo 4:1-11 empieza de esta manera: «Y después de haber ayunado cuarenta días y cuarenta noches, tuvo hambre» (Mateo 4:2). Este período de tiempo es el modelo de Dios. Él no tenía prisa. No se trataba de dos o tres horas de oración en la iglesia. Jesús no estaba pensando en "ahora", sino que estaba buscando la comunión con el Padre. El modelo del diablo es evidente en la tentación de Jesús. Cada tentación se enfoca en lo inmediato. Si Jesús tiene hambre, Él sencillamente debe "ordenar que estas piedras se conviertan en pan" (Mateo 4:3). No espere, obténgalo ahora.

La segunda tentación fue en el pináculo del templo. El diablo sugiere que Jesús se lance abajo y deje que los ángeles lo salven. Esto probaría que Él era Hijo de Dios. No tendría que pasar tres años de ministerio e ir a la cruz para que esto ocurriera. Un simple salto desde el pináculo bastaría. ¿Por qué esperar?

La tercera tentación fue un vistazo a todos los reinos de la tierra. Satanás se los ofreció a cambio de un simple momento de adoración a él. El propósito de la venida a la tierra de Jesús según Satanás se hubiera alcanzado en un momento, ahora mismo, en vez de la cruz. Así es como el diablo piensa.

Jesús no escatima palabras para decirle a sus discípulos que su enfoque está equivocado. "Los tiempos o sazones" no son de su incumbencia. Estas dos palabras no se refieren a la misma cosa, pero juntas cubren la totalidad de lo que se llama profecía.

La palabra griega que se traduce como tiempos significa períodos de igual duración. Esto hace referencia a las grandes épocas proféticas y a los intervalos entre ellas. La palabra griega que se traduce como sazones (ocasiones, RVR95) significa el tiempo específico para el cumplimiento de un evento profético. No es de nuestra incumbencia y no deberíamos enfocarnos en un momento o tiempo en particular o incluso en un período general de tiempo.

Jesús es específico en decirle a los discípulos que éste no debe ser su enfoque. Él usa las palabras "en su sola potestad." En el español, esto simplemente indica posesión. Sin embargo, en griego, la expresión "sola potestad" es una palabra e implica algo mucho más fuerte que posesión. Es un adjetivo que significa "privado" o "personal." Esto es algo que realmente le pertenece sólo a Dios. Dicha información está totalmente afuera de la jurisdicción de ellos y no será descubierta por nadie, no importa qué tan diligentemente investiguen.

Lo que incumbe a los discípulos

Jesús establece lo que es la responsabilidad exclusiva de Dios. Lo que los discípulos quieren saber no les corresponde. Él inicia la siguiente frase con la conjunción "pero" (Hechos 1:8). Él desea contrastar lo que no les corresponde a ellos con algo que realmente les atañe. Él ha completado una imagen y ahora Él presenta otra imagen, y las contrasta. En un lado está lo que los discípulos no pueden saber. "Pero," marca la otra expresión que revela lo que sí pueden saber. Él lo dice claramente: "pero recibiréis poder, cuando haya venido sobre vosotros el Espíritu Santo, y me seréis testigos en Jerusalén, en toda Judea, en Samaria, y hasta lo último de la tierra" (Hechos 1:8).

Debo admitir que he luchado con este texto. Es fácil verlo en la manera superficial y usarlo para introducir una clase sobre evangelismo personal. Pero este versículo visto en su contexto nos lleva a una profundidad que no debemos perder. No estoy seguro de poder comunicarlo o incluso entenderlo. Quizá debo morar por unos años en este versículo.

"Me Seréis Testigos"

Es muy importante que veamos el versículo como un todo. El asunto que trata no debe verse como una sola parte del cristianismo que se enfatiza de vez en cuando. El concepto que este versículo presenta es la totalidad del cristianismo. Este es un resumen del palpitar del corazón de Dios. Es el alma del evangelio. Todo en este versículo apunta al concepto de "me seréis testigos." El versículo abre con una declaración del poder necesario para que se haga realidad el cristianismo. Lucas cierra el versículo diciendo dónde debe cumplirse. Así que todo el versículo nos trae de regreso al punto central de "me seréis testigos."

No debemos engañarnos pensando que hemos de ser testigos durante épocas especiales del calendario cristiano. Ni tampoco pensar que ser testigo es una disciplina espiritual o doctrina básica a la que debemos darle atención especial como el diezmo, la lectura de la Biblia, la oración, y entre éstas incluimos el testificar. Esto puede ser verdad si usted está presentando una versión diluida de testificar, de ser testigo, pero ese no es el punto que Jesús presenta en este versículo.

Lucas en el Libro de Los Hechos usa el término testigo de una forma especial. Esto le da una importancia única al término. El testigo es alguien que estuvo con Jesús cuando ocurrieron ciertos acontecimientos. Un testigo puede decir lo que sabe porque estaba allí. El evangelio es una revelación en nuestra historia y conocemos hechos definidos al respecto. Sin embargo, el testigo hace suyos los hechos verdaderos dentro de sí mismo. Cualquiera puede memorizar datos académicos. Cualquiera puede memorizar un plan de evangelismo personal y recitar los versículos bíblicos de memoria, pero esto no es lo que Lucas quiere decir con la palabra.

Lucas describe hechos que llegan a ser la experiencia propia del creyente. La verdad es ahora parte del testigo. Hay acontecimientos de la vida de Jesús que cualquiera puede conocer. Sin embargo, cuando esos hechos se hacen realidad, verdad en nuestra vida, entonces Jesús es realidad en nuestra vida porque Él es la Verdad. Lucas nos presenta los grandes hechos del evangelio, pero cuando, por fe, hacemos nuestros esos hechos, Jesús nos abraza. Jesús se vuelve el punto de enfoque de toda nuestra vida. En el concepto de Lucas, es imposible experimentar los hechos sin unirse con la Persona de Cristo. Él enfocarse en Él, es ser testigos.

"Recibiréis Poder"

Esto es lo que Lucas enfatiza en el versículo. Él nos recuerda que dicha experiencia sucederá cuando el Espíritu Santo (el Espíritu de Jesús) venga sobre nosotros. El Espíritu Santo será el poder para testificar. La idea central es que Él nos capacita al ser Él mismo, Jesús, la fuente de la verdad. El mismo Espíritu de Jesús capacitaría a los discípulos para ser la demostración de la vida de Jesús en el mundo de ellos.

Esto no debe sorprendernos. Sabemos que el tema del Libro de Los Hechos (tomo dos) y el Evangelio según San Lucas (tomo uno) es Dios actuando en el mundo por medio de Jesús, ya sea a través de Él, como lo hace en el Evangelio de Lucas, o a través del Espíritu Santo en los discípulos como lo hace en el Libro de Los Hechos. Así como el Espíritu Santo obró en y por medio de Jesús para producir una demostración del Padre, de la misma forma el Espíritu de Jesús obrará por medio nuestro para demostrar la vida de Jesús a nuestro mundo. Nosotros no somos testigos oculares de su resurrección o crucifixión, pero somos la carne en la que Él ha venido a demostrar quién es Él. Esto es ser testigo, la demostración real de la vida de Jesús en este mundo.

No Hacer, Sino Ser

Hechos 1:8 dice: "pero recibiréis... y me seréis..." ¿Podría alguien que entiende el Libro de Los Hechos disputar esto? Repetidamente, cuando se demostró el poder de testificar, la persona estaba "llena con el Espíritu Santo" (Hechos 4:8). Es de conocimiento amplio que el título "Los Hechos de Los Apóstoles" no refleja el propósito del libro. El propósito del libro lo refleja el título "Los Hechos del Espíritu Santo". ¿Estuvieron involucrados los discípulos? Sí, ellos participaron, pero realmente estaban siendo los instrumentos del Espíritu Santo. El Libro de Los Hechos no es un relato sobre los discípulos y sus talentos o habilidades, sino acerca de Jesús y su grandeza. Él se mostró a Sí mismo por medio de las personas que estaban llenas de Él.

Hay una gran diferencia entre dar testimonio y ser un testigo. El primero es acerca de mis acciones, mientras que el segundo es sobre cómo estoy siendo utilizado. Uno es sobre lo que yo proclamo, el otro es sobre lo que es proclamado a través de mí. Uno es sobre los hechos que yo digo, el otro es sobre la verdad que es vista (vivida) en mi vida. Uno puede ser explicado en términos de entrenamiento, habilidad, personalidad o talento, mientras el otro es sobre cómo Jesús es visto en mí. Uno es hablar sobre Jesús, el otro es sobre Jesús siendo visto, porque Él está viviendo a través de mí. Uno es sobre el esfuerzo, el otro sobre relajarse y rendirse. Uno es sobre tratar de hacer algo y una obligación que tenemos que cumplir, mientras que el otro es sobre su amor, pasión y vida fluyendo a través de mí.

En 70 años los discípulos ganaron su mundo entero para Cristo. Ellos no lo lograron memorizando frases o por sus buenas técnicas de co21

municación. Ellos no lo lograron por medio de su gran educación, aunque ésta no es mala (Hechos 4:13). Lo lograron por medio de un estilo de vida lleno de Dios. Ellos eran recipientes de la acción de Dios y respondían a tal acción. El asunto era "ser" no "hacer."

Henry Stanley, un reportero, fue a pasar un tiempo en África Central con el gran misionero David Livingston. El regresó con este reporte: "Si hubiera estado con él por más tiempo, yo hubiera sido forzado a ser cristiano. A propósito, él nunca me habló al respecto".

Nosotros tenemos que entender el resultado del tema de estos dos grandes tomos, el Libro de Los Hechos y el Evangelio según San Lucas. Todo es sobre la actividad divina. Es sobre la segunda persona de la Trinidad renunciando a todo lo que tenía como Dios para hacerse un hombre sujeto a Dios. Dios, por medio de este hombre Jesús, demostró quién era y quién es. No era sobre lo que Jesús podía hacer, porque constantemente decía que Él no podía hacer nada por Sí mismo. Su vida era una respuesta a la acción del Padre, por medio del Espíritu Santo. La misma dinámica tuvo lugar en las vidas de los discípulos. Ellos fueron llenos con el Espíritu Santo de Jesús, quien era la fuente de su vida. Ellos eran testigos. Ellos eran una demostración completa de Jesús a su mundo.

Testigos, pero ¿en dónde?

Jesús es muy específico en este versículo. Él dice: "...en Jerusalén, en toda Judea, en Samaria, y hasta lo último de la tierra" (Hechos 1:8). Si Jesús tan sólo hubiera dicho hasta lo último de la tierra, los discípulos se hubieran enfocado en las regiones remotas y habrían perdido de vista a sus vecinos. Si Él sólo hubiera dicho en Jerusalén, ellos se habrían quedado en su estructura organizacional judía y establecido una secta. Pero era claramente un llamado a demostrar la vida de Jesús al mundo entero. Incluía la organización religiosa que hacía 40 días había crucificado a Jesús. Incluía a los samaritanos, lo que de hecho eliminaba cualquier barrera racial de la demostración. Esto significa una demostración completa de la vida de Jesús todo el tiempo y a toda persona.

No había límites a la demostración de la vida de Cristo por medio de los discípulos. Definitivamente se cumplió en el Libro de Los Hechos. Los discípulos demostraron la vida y poder de Cristo al limosnero cojo (Hechos 3:6), a los gobernadores, los ancianos y a los escribas (Hechos 4:5). También la demostración de la vida de Cristo tomó lugar por medio de Felipe a un etíope (Hechos 8:27), y también a quienes persiguieron a los discípulos del Señor (Hechos 2:20). Parece que no hay límite a las demostraciones de Jesús por medio de la vida de los discípulos..

La Actividad Divina a Través de Mí

Pero cuando usted entiende el tema de este gran libro (tomos uno y dos), esto no es sorpresa. La acción de la actividad divina es el fluir de Dios a nuestro mundo por medio de personas. ¿Cuándo tengo el derecho de apagar dicha actividad divina? ¿Será que si las circunstancias se tornan en contra mía entonces tengo la excusa perfecta para no demostrarlo? ¿Cuáles son las actitudes, palabras o acciones de otra persona que me obligan a no ser testigo de Cristo? ¿Será que el color de la piel, el nivel económico de una persona es una barrera para permitir que Cristo se vea a través de mí? Si usted puede apagar o encender la demostración de Cristo en su vida, entonces usted tiene evidencia suficiente para saber que no es la demostración de Él, sino la suya. Ciertamente Él no está en control.

Yo estoy una vez más de rodillas, en total sumisión a Él. ¡Ah! para que mi vida sea una demostración de su persona, porque Él ha venido a vivir a través de mí. ¡Ah! por su demostración para que sea consistente, que cubra siempre todo mi mundo. Esta es mi oración.

La pregunta que no se hizo

Los discípulos están emocionados acerca de la idea de que el reino de Dios será restaurado a Israel. Ellos vienen a Jesús, preguntando cuándo sucederá esto. En el tiempo de la crucifixión ellos estaban convencidos de que el reino de Dios no se restauraría nunca a los hijos de Israel. Toda su esperanza se había esfumado. Pero ahora, Jesús ha resucitado de entre los muertos y pasa 40 días con ellos, "hablándoles acerca del reino de Dios" (Hechos 1:3). Ellos presionan a Jesús por una respuesta a su pregunta. Ellos no preguntan una ni dos veces sino repetidamente: "Señor, ¿restaurarás el reino a Israel en este tiempo?" (Hechos 1:6).

Hemos visto la respuesta de Jesús a sus discípulos (Hechos 1:7-8), pero la profundidad de esa respuesta requiere más investigación. Este versículo (Hechos 1:8) es muy importante para todo el Libro de Los Hechos. Es el bosquejo de todo lo que Lucas expresará en las siguientes páginas. Este versículo es un resumen del mensaje del libro. Es el corazón de la "promesa del Padre" (Hechos 1:4).

Lucas presenta la actividad divina como la proposición que él desea enfatizar. Es el fundamento del Evangelio según San Lucas (volumen uno) y del Libro de Hechos (volumen dos). Es el enfoque final en este pasaje. Lucas lo manifiesta de tal forma que no deja espacio para ajustes o compromisos. No hay manera de que alguien pueda reducir el evangelio al legalismo o a un simple hacer.

Una Realididad Espipiritual

La idea de Lucas es permitirnos ver el cambio gigantesco de los discípulos, de una visión física del Espíritu de Jesús a una realidad espiritual. Ellos se mueven del hacer al ser. La actividad auto-motivada concluirá y se iniciará el fluir de Dios a través de ellos. Los discípulos cesarían sus propios esfuerzos, luchas e intentos y empezarían a relajarse, a aprender y a depender. El énfasis de Lucas es en los discípulos y en su total confianza en el Espíritu de Jesús. El enfoque es sobre lo que el Espíritu de Jesús hará en ellos. La acción se realizará "en Jerusalén, en toda Judea, en Samaria, y hasta lo último de la tierra" (Hechos 1:8). La misión será capacitada y dirigida por el Espíritu de Jesús. Jesús les capacitará para hablar adecuadamente. Hablaron palabras claras en idiomas conocidos. Ellos no tienen que tratar de ser nada, es imposible para ellos formarse a sí mismos en lo que deberían ser. Ellos ya nunca más tendrán que buscar posiciones o gloria para realizarse. El Espíritu de Jesús los capacitará para "ser testigos" (Hechos 1:8). Jesús no llama a los discípulos a hacer nada. Ellos no tienen que organizarse. Las estructuras eclesiales no es el tema. Números, edificios y presupuestos no son la prioridad. Todos los logros serán el resultado del Espíritu de Jesús. El hará los milagros, multiplicará la iglesia y establecerá los testigos (Hechos 2:47).

Claramente vemos esto en la conjunción inicial de Lucas. Jesús está hablando a los discípulos, Él está respondiendo a su pregunta. "Pero." (Hechos 1:8) es una conjunción de distinción que marca un contraste. Nosotros tenemos que ver el versículo siete en contraste con el versículo ocho. Jesús está contrastando que no es con el conocimiento de los discípulos con lo que ellos conocerán y experimentarán ahora. Él dice: "No os toca a vosotros saber..." (Hechos 1:7). El verbo "saber" está en la voz activa lo que significa que el sujeto es responsable por la acción del verbo. El sujeto está relacionado a los discípulos quienes son responsables por la acción de saber. Pero note que la palabra "no", hace la frase una negativa. Los discípulos no serán responsables de saber. Los "tiempos o las sazones que el Padre puso en su sola potestad" no están bajo el control de ellos.

El Campo del Enfoque de los Discípupulos

Ahora Jesús les da el campo para su enfoque (Hechos 1:8). ¡Aquí está lo que ellos experimentarán! Lo lograrán por medio del Espíritu de Jesús. Lo que ellos han sido y lo que serán será alterado por el Espíritu de Jesús. Lo que ellos han dicho, y lo que dirán, lo cambiará el Espíritu de Jesús. Lo que ellos han hecho y lo que harán será a través de la capacitación del Espíritu de Jesús. ¡Es un nuevo día! Pero usted tiene que entender la frase clave del versículo. Jesús dice: "recibiréis..." Luego dice: "me seréis..." Pero lo más importante son las palabras contenidas en medio de estas dos verdades.

Jesús dice, "cuando haya venido sobre vosotros el Espíritu Santo" (Hechos 1:8). Todo lo que ocurra será por el Espíritu de Jesús.

"Pero recibiréis poder..." es la frase inicial de Jesús. Esta es una poderosa promesa dada por Jesús. "Recibiréis" es una sola palabra en el griego usado en el Nuevo Testamento. Es un verbo en el futuro indicativo y significa que Jesús está hablando de algo que tomará lugar. Él sólo está mencionando el hecho. No puede haber discusión alguna sobre este tema. Él no intenta explicar o convencer. ¡Simplemente es la verdad!. ¡Es algo seguro!

Lo mismo aplica a la "promesa del Padre" (Hechos 1:4). La frase "recibiréis poder" es una extensión de esa "promesa." La palabra "promesa" conlleva la idea de que es dada libremente. El Padre no hizo la promesa por obligación. Esta fluyó directamente de su corazón, el cual está lleno de gracia. Esta promesa la origina Dios. El no cumple su promesa porque lo presionan, por obligación o por sentimiento de culpa. Él dio esta promesa libremente y la cumple libremente. La promesa la respalda el amante corazón de Dios. Es algo seguro: "¡recibiréis!"

"Hay Poder, Sin Igual Poder en Jesús..."

El punto central de lo que se recibirá es "poder." Es fácil para nosotros mal entender este punto central por la forma en que el mundo piensa sobre el poder. Este mundo está torcido con egocentrismo y eso forma el concepto de poder. Desde la perspectiva del mundo, poder significa posición, ganancia personal o auto realización. Pero Jesús habla de lo opuesto al concepto del mundo. La promesa del Padre es que recibiremos el Espíritu de Jesús como lo expresa claramente Hechos 1:8: "Cuando haya venido sobre vosotros el Espíritu Santo".

Jesús iguala el poder al Espíritu de Jesús. En este Espíritu no hay egoísmo. Este poder tiene una actitud de servicio al estilo de la cruz. El Espíritu de Jesús capacitará y enriquecerá nuestras vidas para que todo lo que llamemos poder sea un reflejo del Espíritu de Dios. Él no nos da poder sino que lo derivamos de su persona que vive en nosotros. Así que cada demostración del poder es un reflejo de Él. ¿Cómo podemos describir este poder? Será idéntico a Jesús.

La palabra en el griego original para poder es la base para nuestra palabra en español, dinamita. Es un poder medible pues se demuestra por medio de actividades físicas. Es explosivo en su naturaleza y a menudo lo cambia todo. Cuando se usa en los evangelios, se traduce generalmente como hechos poderosos. Es una excelente palabra para describir el movimiento del Espíritu de Jesús a través del Libro de Los Hechos.

La esencia misma de esta palabra demuestra la intimidad entre el creyente y el Espíritu de Jesús. La palabra griega tiene que ver con el poder inherente que reside en algo por virtud de su naturaleza. Este poder no proviene de algo que el Espíritu de Jesús me da. No es como un arma de fuego en mi mano que me pudiera dar el poder de robar un banco. El poder que recibiréis proviene de la naturaleza que está dentro de usted. La naturaleza del Espíritu de Jesús se teje de tal forma con su personalidad que usted llegará a ser lo que realmente Él diseñó que usted fuera. No es algo que usted tiene, sino que Él lo tiene a usted. Lo que usted es en Él, realmente llega a ser en usted el poder de Él. Dicho poder demuestra al Espíritu de Jesús que vive en usted.

Pablo lo expresa en estas palabras: "Pero tenemos este tesoro en vasos de barro, para que la excelencia del poder sea de Dios y no de nosotros" (2 Corintios 4:7). No podemos aprender esto en seminarios, porque no es el poder del conocimiento. No lo desarrollamos en sesiones de entrenamiento porque no es el resultado de una habilidad. No practicamos para mejorar esto porque no es el desarrollo de nuestros talentos. Esto es de Dios. El poder reside en el Espíritu de Jesús. Él se muestra a Sí mismo por medio nuestro. Es como si el poder y el Espíritu de Jesús fueran lo mismo. Tal como agua y mojado son casi sinónimos, así son el poder y el Espíritu de Jesús. Uno habla del otro. Pensar que se es lleno con la naturaleza de Dios y no demostrar dicho poder es algo absurdo.

Lleno del Espíritu de Cristo

Ahora venimos a la frase paralela: "me seréis testigos" (Hechos 1:8). Así como en la frase anterior, el verbo seréis está en el futuro indicativo. Definitivamente habla de un hecho. No hay necesidad de defender o argumentar un hecho, es sencillamente lo que es. Tan seguro como que recibiréis poder, de la misma forma es seguro que me seréis testigos.

El punto central no está sobre hacer, sino sobre ser. La misma raíz griega que presenta los Yo Soy de Jesús (Juan 6:48; 14:6) se usa aquí en referencia a nosotros. Tiene que ver con existencia no con actuación. Es naturaleza no actividad. Es la fibra y sustancia de la persona no sus logros. El énfasis está en quién somos no en lo que estamos haciendo. ¡Este es el "Yo Soy" que nos pertenece!

Ser Testigos

¿Qué es ese "Yo Soy"?: "Me seréis testigos" (Hechos 1:8). La etimología de la palabra parece encontrar sus inicios en la misma raíz de la palabra que significa "tener en la mente" o "estar interesado". El testigo entonces es alguien que recuerda y puede hablar sobre algo. Desde la perspectiva del judaísmo (especialmente durante el tiempo de Cristo), el significado de testigo estaba casi siempre rodeado de sufrimiento. Esto se hizo cierto con el uso de la palabra en el cristianismo. La palabra griega traducida "testigo" en español es "mártir".

En los escritos de Lucas, testigo debe ser combinado con la verdad. Él hace una distinción entre hecho y verdad. Para ser un testigo uno no simplemente repite los hechos, sino que debe estar poseído por la verdad. Empieza desde los apóstoles y el hecho de que ellos tenían que ser testigos oculares. Cuando los primeros discípulos estaban sustituyendo a Judas Iscariote, dijeron que el sustituto debía ser "...de estos hombres que han estado juntos con nosotros todo el tiempo que el Señor Jesús entraba y salía entre nosotros, comenzando desde el bautismo de Juan hasta el día en que de entre nosotros fue recibido arriba, uno sea hecho testigo con nosotros, de su resurrección" (Hechos 1:21-22). Para ser un testigo de la resurrección de Cristo, el sustituto tenía que haber experimentado algo más que sólo haber visto al Jesús resucitado. Él debía haber estado involucrado con la enseñanza, movido por los milagros, devastado por la crucifixión y haber disfrutado del gozo de saber que Cristo vive. Esto es más que datos. Esta verdad que se ha convertido en pasión envuelve todo lo que es la persona.

El testigo a quien Jesús está llamando no es el que ha asistido al seminario sobre cómo testificar y ha recibido un certificado. Es el que ha experimentado un profundo sentir por su pecado y ha estado adolorido por sus consecuencias. Es el que está consciente que la cruz es el único medio de libertad y no una pieza de oro en una cadena. El testigo ha de aferrarse al Cristo viviente y encontrar su vida en Él. No puede dejar de testificar porque él es un testigo.

¡Este es el deseo de mi corazón! Esto es lo que quiero recibir y lo que quiero ser. ¿Cuándo ocurrirá esto en mi vida permitiéndome decir claramente, "soy un testigo?" Quizá una mejor pregunta sería: ¿cómo me ocurrirá esto? Recuerda la estructura especial del versículo 8 del capítulo 1 de Los Hechos. Jesús inicia con recibiréis poder, y termina con me seréis testigos, pero en medio de estas dos frases se encuentra la fuente de esa realidad, es la respuesta al ¿cuándo? y al ¿cómo?

¿Cuándo y Cómo Puedo Llegar a Ser Testigo?

Jesús dice, "...cuando haya venido sobre vosotros el Espíritu Santo" (Hechos 1:8). Esta es su explicación. La respuesta al "¿cuándo?" es en el momento en que el Espíritu de Jesús lo capacita a usted. Esto nos trae de regreso a centrarnos totalmente en la persona de Jesucristo. La plenitud del Espíritu Santo en mí produce los lazos que unen los datos con la verdad, lo que trae pasión. Es la realidad de que Él es la Verdad.

Este es el tema básico de los escritos de Lucas tanto en el volumen uno como en el volumen dos. La acción de la actividad divina es la fuente de todo lo que se lleva a cabo. El Espíritu en Jesús como se nos muestra en los Evangelios, vino a ser el Espíritu morando en los discípulos en el Libro de los Hechos. Todo lo que ocurre en y a través de sus vidas es una demostración y capacitación del Espíritu de Dios.

¿Observó la frase "haya venido sobre?" Jesús hace énfasis en la idea de "sobre." La preposición "sobre" se incluye en el verbo en griego y luego "sobre" se repite de nuevo al final de la frase. Se menciona dos veces. Una traducción literal es: "cuando haya venido sobre sobre ustedes el Espíritu Santo." La oración completa se la llama "genitivo absoluto" y expresa tiempo, causa o condición. Así que esta frase, "cuando haya venido sobre vosotros el Espíritu Santo," es la condición o causa de la declaración anterior" "pero recibiréis poder."

La Plenitudud del Espíritu Santo

Usted no tendrá poder y nunca será un testigo a menos de que el Espíritu Santo haya venido a producir esto dentro de usted. No se nos dice nada aquí sobre tipos de personalidad, talentos, experiencias o entrenamiento. Todo se centra en el Espíritu de Jesús. ¿Acaso no concluiría usted que cuando el Espíritu Santo lo llena a usted, no puede evitar ser un testigo?

¿Que cuando el Espíritu Santo no lo llena, es imposible ser un testigo? ¿Concluiría usted que cuando usted está siendo un testigo, el Espíritu Santo lo capacita y cuando usted no está siendo un testigo, a usted le falta el poder del Espíritu Santo? Es imposible ser lleno de Jesús y no ser un testigo y es imposible ser un testigo sin ser lleno con Jesús.

Consagración Total

Para cumplir el mandato bíblico, primero que todo, debemos arrancar cualquier forma de vida que esté basada en sí mismo. Ninguna otra fuente puede estar presente. No puede haber una mezcla de fuentes, algo de Jesús y algo mío. El quizá me use, pero yo no soy la fuente. Al estar Él capacitando y ensanchando nuestras vidas seremos "testigos en Jerusalén, en toda Judea, en Samaria, y hasta lo último de la tierra" (Hechos 1:8).

4 PASOS PARA SER UN DIEZMERO FELIZ

Christian Sarmiento

¿Quién, Yo?

(Conocimiento)

Esta es la primera reacción de una persona cuando se entera de que, ahora que es cristiana, debe diezmar – dar la décima parte de todas sus entradas monetarias para el sostén de la iglesia. Y la contestación a esa pregunta es: Sí, tú también debes diezmar.

Y la razón de la contestación es que la Biblia enseña claramente que Dios es el Propietario, el Dueño y Señor de todo. Nosotros somos sus mayordomos o administradores de su creación y de lo que Él nos da para que lo administremos.

Cuando aceptamos a Cristo como nuestro Salvador personal estamos dispuestos a hacer cualquier cosa por Él. Como nuevas criaturas, nuestro agradecimiento a Dios nos da energía para testificar, orar y esforzarnos por ser semejantes a nuestro Salvador. El Espíritu Santo ha hecho posible que nuestra vida entre en una nueva dimensión: la vida espiritual.

Pero llega el momento cuando comenzamos a ver la otra cara de la moneda. A las pocas semanas o meses la novedad se convierte en rutina. Comenzamos a razonar y a cuestionar nuestra nueva vida. Algunas veces parece que una carga nos aplasta. Ahora el sentimiento y la emoción de la conversión llegan a ser una dedicación voluntaria y renunciamiento. Aceptamos nuevas prioridades de acuerdo a una nueva escala de valores.

A medida que el Espíritu Santo nos instruye, vamos aceptando cada nuevo valor para nuestra nueva vida en Cristo. Dejamos esto y aquello, y nuestra nueva vida frecuentemente se convierte en una serie de negativos. Las palabras favoritas para nuestro testimonio durante esta fase son: "Yo no hago... yo dejé de..."

Luego, un día, se nos instruye que dar el diezmo es una

parte de esa nueva vida. Recuerdo vívidamente cuando mi pastor me leyó lo que el Manual de la Iglesia dice sobre ello:

Las normas éticas históricas de la iglesia son expresadas en parte en los siguientes asuntos. Estas deben en observarse cuidadosa y conscientemente... quienes violan la conciencia de la iglesia lo hacen para su propia predicción y con ello manchan el testimonio de la iglesia... Dios como un Dios de sistema y orden en todas sus relaciones, ha establecido un sistema de contribuir que reconoce que Dios es dueño y el hombre es mayordomo. Por ende, todos sus hijos deben diezmar fielmente y dar ofrendas para el sostén del evangelio.

¡Sí, Yo Diezmo!

(Convicción)

Después de orar y pensar acerca del diezmo, comenzamos a cuestionar la validez del asunto, ¡y hasta del Manual! Comenzamos a escudriñar las Escrituras y a indagar si es cierto que Dios nos pueda pedir una cantidad que al principio nos parecía tanto: ¡el diezmo! Aunque no en voz alta, dijimos:

- La iglesia tiene mucho dinero; yo necesito más que esta denominación tan grande.
- El diez por ciento de mi dinero es muy poco; sería mejor que lo use para mi propio beneficio.
- Ahora no vivo por la ley del Antiguo Testamento, sino por la gracia del Nuevo.
- Después que recibo mi salario y lo distribuyo en mis necesidades no tengo ninguna ganancia neta.

Todos estos razonamientos se deben a nuestro amor por nuestros seres queridos, ¡y en lo que toca a las personas que yo quiero, yo soy la primera! En realidad, no queremos que nadie se atreva a tocar o hacerle daño a nuestra familia. Cuando nuestras entradas económicas disminuyen, la familia sufre.

Pero el Espíritu de Dios es fiel. Un día, en nuestra lectura devocional de la Biblia, encontramos esto:

Porque yo Jehová no cambio; por esto... no habéis sido consumidos... os habéis apartado de mis leyes, y no las guardasteis. Volveos a mí, y yo me volveré a vosotros, ha dicho Jehová de los ejércitos. Más dijisteis: ¿En qué hemos de volvernos? ¿Robará el hombre a Dios? Pues vosotros me habéis robado. Y dijisteis: ¿En qué te hemos robado. En vuestros diezmos y ofrendas. Malditos sois con maldición, porque vosotros... me habéis robado. Traed los diezmos... y probadme ahora en esto, dice Jehová de os ejércitos, si no os abriré las ventanas de los cielos, y derramaré sobre vosotros bendición hasta que sobreabunde (Malaquías 3:6-10).

La admonición del Señor nos llenó de pánico y nos hizo decirnos: "¡Probémosle, y diezmemos!"

"Pastor, este es mi diezmo."

(Deber)

Empezamos a diezmar. Sin embargo, nuestro gozo no era completo. Pero había una sonrisa en nuestros labios al depositar nuestro diezmo – y mentalmente decíamos: "Pastor, aquí está mi diezmo."

La única referencia bíblica directa al diezmo que los Evangelistas registran de los labios de Jesús, la encontramos en medio de una serie de acusaciones que Él hace a los escribas y fariseos: "¡Ay de vosotros, escribas y fariseos, hipócritas! Porque diezmáis la menta y el eneldo y el comino, y dejáis lo más importante de la ley: la justicia, la misericordia y la fe. Esto era necesario hacer sin dejar de hacer aquellos" (Mateo 23:23)

La secta de los fariseos surgió alrededor del año 150 a.C. los fariseos no eran tanto una secta, sino, como decimos en la política, un "partido", que tenía dos propósitos: Primero, asegurar el pago exacto de los diezmos y las ofrendas. Segundo, promover el cumplimiento más estricto de las ordenanzas de la pureza levítica de acuerdo a la ley.

Los fariseos eran los diezmadores por excelencia, y se apartaban de las personas comunes y corrientes, que no sabían, o a quienes no les importaba la ley oral. Un fariseo era considerado un aristócrata, una persona quisquillosa en todos los asuntos religiosos. Por el contrario, el judío típico era considerado casi como un pagano un publicano.

¿Cuál fue la actitud de Jesús hacia el diezmo y el pago de las ofrendas?

Cuando Jesús hablaba, las multitudes no sólo escuchaban atentamente, pero aún al comienzo de su ministerio durante el Sermón del Monte, se admiraban de "su doctrina; porque les enseñaba como quien tiene autoridad, y no como los escribas" (Mateo 7:28-29). Los enemigos de Jesús estaban atentos a cada palabra que El decía y a cada una de sus acciones. Trataban de ponerle trampas y de culparlo de su más mínima falta. Pero nunca se le acusó de no pagar sus diezmos. Los escribas y fariseos pidieron su consejo frecuente y sinceramente (Juan 7:2; Mateo 19:3; Mateo 22:36-38; Lucas 17:20). Al hacerlo reconocían que Jesús era versado en las Escrituras y costumbres judías.

Basándose precisamente en su conocimiento de las Escrituras, Jesús les dijo a sus oyentes:

> No penséis que he venido para abrogar la ley o los profetas; no he venido para abrogar, sino para cumplir. Porque de cierto os digo que hasta que pasen el cielo y la tierra, ni una jota ni una tilde pasará de la ley, hasta que todo se haya cumplido... porque os digo que si vuestra justicia no fuere mayor que la de los escribas y fariseos, no entraréis en el reino de los cielos. (Mateo 5:17-18, 20)

Sí, los fariseos diezmaban, y eran estrictos en el cumplimiento de la ley. A ese mismo punto arribamos mi esposa y yo – y muchos cristianos más. Entregamos nuestro diezmo con una sonrisa en nuestros labios y pensamos: "Pastor, aquí está mi diezmo."

El Diezmero Feliz

(Gozo)

Si nuestra justicia debe ser mayor que la de los escribas y fariseos, ¿cuál fue la perspectiva de Jesús en cuanto a nuestro deber de diezmar?

Jesús no vino a abolir la ley sino a cumplirla. El diezmo era parte de esa ley. En armonía con su misión, cuando un intérprete de la ley le preguntó, "Maestro, ¿haciendo qué cosa heredaré la vida eterna? El le dijo: ¿Qué está escrito en la ley?" (Lucas 10:25-26. Jesús se refirió a la ley como la norma correcta para la conducta de la vida, lo que también incluía el diezmo.

Jesús dio por sentado que sus seguidores tenemos que dar el diezmo. Pero no se detuvo allí. También presentó varios principios que tendríamos que aprender. "Al que te pida, dale; y al que quiera tomar de ti prestado, no se lo rehúses." También dijo: "Dad, y se os dará; medida buena, apretada, remecida y rebosando darán en vuestro regazo; porque con la misma medida con que medía, os volverán a medir" (Lucas 6:38). A sus discípulos les dijo: "De gracia recibisteis, dad de gracia" (Mateo 10:8).

Además, sobre el mismo asunto, nuestro Señor también anunció otro principio que no tiene paralelo en la literatura del mundo. Aunque esta enseñanza no está registrada en los Evangelios, parece haber hecho mucha impresión en las mentes de los cristianos primitivos, ya que el apóstol Pablo les dice a los ancianos de la iglesia de Efeso que debían recordar "las palabras del Señor Jesús... más bienaventurado es dar que recibir" (Hechos 20:35).

Finalmente, Jesús no exhortó a dar en cierta medida, pero a darlo todo: "Porque allí donde está vuestro tesoro, allí también estará vuestro corazón" (Lucas 12:34). Cuando el joven rico vino a Jesús, diciendo que había cumplido toda la ley desde su juventud (Marcos 10:20), "Jesús, mirándole, le amó, y le dijo: Una cosa te falta: anda, vende todo lo que tienes, y dalo a los pobres, y tendrás tesoro en el cielo; y ven, sígueme, tomando tu cruz. Pero él, afligido por esta palabra, se fue triste, porque tenía muchas posesiones. Entonces Jesús, mirando alrededor, dijo a sus discípulos: ¡Cuán difícilmente entrarán en el reino de Dios los que tienen riquezas!".

Sí, diezmamos. Y nuestra justicia es mayor que la de los fariseos porque nuestras riquezas, por pequeñas que sean (como en el caso de la ofrenda de la viuda en Marcos 12:41-44), ya no están en nuestro corazón. Sabemos que si es necesario abandonaríamos todo lo que tenemos, e iríamos en pos del Maestro. Sabemos que de nada nos sirve ganar todo el mundo, y perder nuestra alma (vea Marcos 8:34-38).

Damos nuestro diezmo con gozo porque sabemos que es lo mínimo que un corazón agradecido puede hacer.

En nuestra mayordomía, mi esposa y yo hemos tomado estos cuatro pasos para llegar a ser diezmeros felices. El Señor nos invita a continuar hasta que nuestra justicia sea mayor que la de los fariseos. Entonces, podremos ocuparnos de lo más importante de la ley: "la justicia, la misericordia y la fe" (Mateo 23:23).

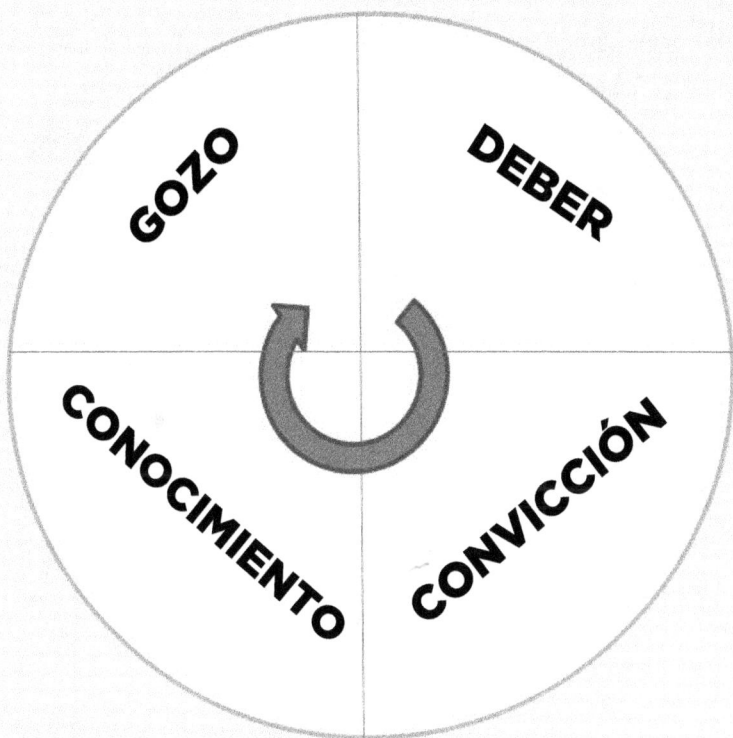

Solicitud de membresía

Yo, _____

Nombre del Solicitante

SOLICITO

Ser miembro de la

iglesia del Señor en la congregación

_____

Nombre de la iglesia local

_____   _____

Firma del Solicitante   *Lugar y Fecha*

Curso Bíblico -
Claves para la vida cristiana abundante

Nombre de la Iglesia

CERTIFICA

Que _____

Nombre del Alumno

Participó y completó satisfactoriamente el curso
bíblico Claves para la vida cristiana abundante

_____   _____

Pastor de la Iglesia Local   *Discipulador*

"...haced dicípulos a todas las naciones,
bautizándolos en el nombre del Padre, y del Hijo,
y del Espíritu Santo..."
-Mateo 28:19

·DISCIPULADO·
abcde
iglesia del nazareno

_____

Lugar y Fecha